삶을 의미 있게
만들어주는 __ 일상의 철학

삶을 의미 있게 만들어주는
일상의 철학

오이겐 M. 슐라크 지음 이상희 옮김
초판 1쇄 발행일 2024년 1월 25일
펴낸이 이숙진 **펴낸곳** (주)크레용하우스 **출판등록** 제1998-000024호
주소 서울 광진구 천호대로 709-9 **전화** (02)3436-1711 **팩스** (02)3436-1410
인스타그램 @bizn_books **이메일** crayon@crayonhouse.co.kr

Die wunderbare Reise des Herrn Maria: Ein philosophischer Roman by Eugen M. Schulak

* 빚은책들은 재미와 가치가 공존하는 ㈜크레용하우스의 도서 브랜드입니다.
* KC마크는 이 제품이 공통안전기준에 적합하였음을 의미합니다.

ISBN 979-11-7121-040-4 04100

삶을 의미 있게 만들어주는 ___ 일상의 철학

오이겐 M. 슐라크 지음 | 이상희 옮김

빛은
책들

차 례

* 일러두기

- 본문 안에 사용된 인용문의 경우 독일어 원문에서 직접 옮기는 것을 원칙으로 하되, 가능한 한 쉽게 풀고자 했습니다.
- 성경의 경우 《공동번역성서 개정판》을 따르되, 본문 내용에 따라 일부는 독일어 원문을 그대로 번역했습니다.

사용 안내서

이 책을 펼쳐 든 당신은 철학을 통해 삶과 세상에 대한 지적 자극을 얻으리라는 기대에 잔뜩 부풀어 있을 것입니다. 그런데 웬걸, 이상야릇한 바이러스와 틈만 나면 식물 돌보기에 여념이 없는 남자, 그리고 제대로 발음하기조차 어려운 반려식물들이 줄줄이 등장하는 건 뭘까요? 잠시만요. 그렇다고 지레 놀라 책을 던져버리지는 말아주세요.

여기, 우리 삶의 문제와 마주한 철학이 있습니다. 어른거리는 죽음의 그림자와 한 남자의 식물을 향한 뜨거운 열정이 맞물린 독특한 분위기 속에서 우리 앞에 흥미진진한 철학 이야기가 펼쳐집니다.

그렇습니다. 이 책은 식물 애호가 미하엘 씨가 치명적인 바이러스 탓에 집에 격리된 50여 일 동안 철학 상담자와 메일을 주고

받으며 철학과 삶을 이해해가는 허구의 이야기를 담고 있습니다.

철학, 철학이란 무엇일까요? 이해하기 어려운 전문용어와 외국어가 한 문장에 한 번 이상 튀어나오고, 잔뜩 힘주어 말하지만 공감하기 어렵고, 우리 인생과 어떤 연관이 있는지 전혀 감이 오지 않는 뜬구름 잡는 이야기? 몰라도 삶에는 아무 지장이 없는 일종의 선택 사항이며, 제대로 이해하려면 수많은 시간을 바쳐야 하는 범접하기 어려운 학문?

철학에는 일반적으로 이런 이미지가 덧씌워져 있는 듯합니다. 하지만 생각해보면 우리 삶과 괴리된 학문이 이처럼 오랜 세월 우리 곁에서 살아남을 수 있었을까요? 물론 아니겠지요. 그럼 도대체 철학은 우리와 무슨 상관이 있을까요?

철학은 학문적 소양을 길러주고 멋들어진 인용문을 전달하는 데에서 끝나지 않습니다. 그보다는 논리적으로 타당한 설명을 통해 생각을 명확히 정리해주고 쉽사리 흔들리지 않는 단단한 내면의 토대를 쌓아줍니다. 단순하고 재미없고 지루한 '의견'과는 다릅니다. 그러면서 철학은 우리 삶의 목표를 세워주고, 우리가 인생의 분기점에서 맞닥뜨리는 중요한 질문들에 답을 주죠. 여기서 우리는 행복과 희망을 찾고 불안과 죄책감 같은 부정적 감정에서 빠져나오는 실마리를 찾습니다. 네, 철학은 삶을 위로합니다.

문제는 이러한 철학적 사고를 우리 실생활과 어떻게 연결하느냐입니다. 더 정확히는 우리 무의식에 가라앉아 있는 철학적 질문을 어떻게 의식 속으로 끌어내 그에 대한 답을 찾느냐 하는 것입니다.

우리는 일상에서 그때그때의 기분에 따라 이런저런 생각에 빠지곤 합니다. 혼자서 차분하게, 아니면 불안하거나 조급한 마음으로 무언가를 생각하기도 하고, 아니면 무심코 생각에 잠길 때도 있습니다. 그러면서 우리는 '생각' 중이라고 말합니다. '생각'은 누구든지 힘들이지 않고 할 수 있는 평범한 일이죠. 하지만 바로 그 안에 철학적 사고로 이어지는 의미심장한 주제들이 담겨 있습니다.

그리고 만일 우리가 삶의 여러 문제를 고민한 철학 고전과 사상가의 지혜를 평소 마음속에 잘 담아두었다면, 필요한 때에 그것들이 우리 생각의 동반자가 되어주고 올바른 말과 행동의 나침반 역할을 해줄 것입니다.

살면서 겪거나 마주친 여러 상황과 감정을 되살려봅시다. 이 책의 주인공 미하엘 씨 역시 50여 일 동안 자신의 생을 곰곰이 반추합니다. 미하엘 씨의 경험을 담은 각 장은 삶과 밀접한 철학 주제를 담고 있는데, 사실 이는 우리가 한 번씩 경험해본 보편적 상황과 감정들입니다.

미하엘 씨는 다락방에서 키우는 사랑스러운 식물들에게 물과 비료를 주듯, 천천히 자신의 내면을 키워갑니다. 각 장의 주제는 미하엘 씨의 편지와 철학자의 답장으로 이루어져 있으며, 이를 각각 이틀에 걸쳐 읽어나가면 우리는 미하엘 씨가 변해가는 과정을 실시간으로 지켜볼 수 있게 됩니다. 그리고 미하엘 씨와 함께 우리도 같이 성장해나갈 것입니다.

책을 들고 편안한 소파에 기대어도 좋고, 책상 앞에 앉아도 좋습니다. 삶을 의미 있게 만들고 싶은 당신에게 부탁드립니다. 부디 뜨거운 차나 커피를 마시듯 한 모금씩 음미하며 이 책을 읽어주셨으면 합니다. 그렇게 할 때 책에서 얻는 것도 더 많아질 테니까요(아울러 혀를 데는 사고도 방지할 수 있답니다).

프롤로그

미하엘 씨가 현관 서랍장에 배낭을 올려놓자마자 보건소에서 전화가 걸려 왔다. 보르네오섬에 방문했던 사람들에게 현지에 바이러스가 창궐했다고 알리는 전화였다.

"당분간은 집에 계셔야 합니다. 자세한 내용은 다시 공지할 테니 조금만 기다려주세요. 감사합니다."

미하엘 씨는 한동안 가만히 선 채 정글의 흔적이 여전히 남아 있는 배낭만 바라보았다. 러시아인 가이드와 가파른 산비탈을 오르며 숨 막히는 무더위 속에서 진귀한 식물을 찾아다녔던 게 불과 며칠 전 일이다. 전문가들이 진기한 사례로 꼽는 식물 사진도 수백 장이나 촬영했다. 인간의 발길이 닿지 않은, 김이 모락모락 피어나는 원시림 한복판에 있는, 수많은 잔털과 두툼한 잎, 풍만한 포낭(벌레잡이주머니), 꼬불꼬불한 줄기로 나무를 굽이굽이 휘

감고 자라는 화려한 식물이 바로 네펜데스 베이트키(Nepenthes veitchii)였다. 그것도 한두 개체가 아니었다.

잎끝에 단단히 매달린 포낭은 자그마치 길이가 40센티미터에 달하는 것도 있었다. 하나같이 화려하게 반짝였다. 하지만 풍성한 주머니는 음흉한 함정이다. 반짝반짝 윤이 나는 포낭 입구에 앉았다가 중심을 잃고 안으로 미끄러진다면, 빠져나오기란 영영 불가능하다. 곤충들에게는 죽음이 도사린 주머니이리라. 큰 주머니 속에서 조그만 설치류의 뼈를 발견한 적도 많다. 분해된 동물의 살과 영양분이 서서히 흡수되고, 이 에너지로 새로운 포낭을 만드는 놀이가 무한히 반복된다.

네펜데스 베이트키

화분 높이: 25㎝

"정말 끔찍해"라고 중얼거리며 미하엘 씨가 배낭을 툭툭 쓰다듬었다.

그때 다시 전화벨이 울렸다.

"좀 전에 말씀드렸던 바이러스는 원숭이 인플루엔자바이러스의 위험한 변종으로 알려진, 인플루엔자 오랑우타니엔시스입니다. 잠복기가 사십 일 정도이므로 오십 일간의 격리 조치가 필요합니다. 만약 병이 발발한다면…."

이어지는 대목에서 목소리가 유감의 뜻을 알렸는데, 미하엘 씨는 무례하다는 인상을 받았다.

내용인즉슨, 이 병은 치료 약이 없는 탓에 사망할 위험까지 각오해야 하며 그나마 다행이라면 피곤함과 열을 동반한 잠에 빠지면서 고통 없이 죽음에 이른다는 것이다. 전화 속 목소리는 이상이 현재까지 밝혀진 객관적 사실이라고 통보했다. 그러니 법에 따라 격리 기간 동안 절대 집 밖으로 나가서는 안 되며, 통지서는 우편으로 보내질 것이고, 부디 별일 없기를 바란다는 말로 전화를 끊었다.

'오랑우타니엔시스라.'

실제로 오랑우탄은 잠꾸러기로 유명하다. 나무 위에 있던 어미와 새끼 오랑우탄을 발견했을 때 러시아인 가이드가 알려준 사실이다. 두 오랑우탄이 얼마나 평화로운 얼굴로 잠을 자던지, 그 장면을 떠올리면 마음이 따뜻해졌다. 그렇게 평화롭게 잠들어 죽을 것이다. 나뭇가지 대신 고모가 물려준 보랏빛 소파에서 행복한 꿈을 꾸며 거역할 수 없는 운명에 몸을 맡길 것이다. 이미 소파에서 자주 깊은 잠을 자지 않았던가. 거대한 피로가 몸을 휘감으면 소파에 누우리라. 거기까지 생각이 미치자 미하엘 씨는 기분이 이상했다.

미하엘 씨는 장화를 벗고 부엌으로 가 데브레첸 소시지와 호밀빵을 꺼냈다. 빵을 오븐에 넣고 소시지를 끓는 물에 담근 뒤 머스터드소스를 접시에 듬뿍 뿌렸다. 잠시 후 빵 가운데 소시지를 넣고 입으로 가져갔다. 한 입을 베어 먹자 머스터드소스가 뿌려진 기름진 소시지가 향긋한 빵과 함께 입속에서 한데 뒤섞였다. 그 순간, 비록 예상치 못한 상황이 닥쳤지만, 앞으로도 지금까지와 똑같은 방식으로 생활하리라는 점이 분명해졌다. 그러려면 미하엘 씨에게는 당장 해야 할 일이 몇 가지 있다.

우선 식물들을 살펴야 한다. 주인이 집을 비운 동안에 믿을 만한 정원사가 대신 보살핀 그의 아이들이다. 미하엘 씨는 다락방 계단을 천천히 올라갔다. 그리고 투박한 나무 의자만 없다면 온실처럼 보이는, 빛으로 가득한 커다란 방으로 들어갔다. 미하엘 씨가 30년 전부터 모아온 식물들이 지내는 방이다. 몇 점을 다정하게 쓰다듬자 흡족한 기분이 들었다.

미하엘 씨가 없는 사이 꽃을 피운 녀석도 있었다. 페르시아 카펫처럼 섬세한 무늬를 뽐내는 에디스콜레아 그란디스(Edithcolea grandis). 그동안 한 번도 꽃을 직접 본 적이 없었기에 더욱더 꽃이 진 모습에 마음이 아팠다.

"아쉽지만 내년을 기약해야지."

미하엘 씨는 부엌으로 내려왔다. 그리고 진한 홍차에 라임즙을 몇 방울 떨어뜨려 한 모금 마셨다. 그제야 자신이 처한 상황이 실감 났다. 40일이나 50일이 지나면 생사가 갈린다. 지금 당장은 뭘 해야 할까?

사업가였던 미하엘 씨는 은퇴 후 오로지 다락방 공간이 부족해질 만큼 식물에만 푹 빠져 지냈다. 식물을 그가 열정을 쏟는 유일한 대상이다. 스위스 취리히 식물원, 오스트리아 빈의 쇤브룬 식물원, 영국 큐 왕립식물원에 이르기까지 세계 최고의 식물원에 대해서도 잘 알았고, 유럽 전역의 유명 수집가와 재배자와 원예업체를 수시로 방문했다.

그러는 동안 미하엘 씨에게 죽음이 심각한 주제로 떠오른 적은 한 번도 없었다. 물론 오래전 아내가 세상을 떠났을 때의 상심은 이루 말할 수 없었지만, 정작 자기 죽음에 대해서는 무관심했다. 하지만 죽음의 위협이 코앞으로 닥친 지금은 어떤가? 이제부터 주어진 시간을 잘 활용해야겠다는 생각이 들었다. 사실 미하엘 씨는 평생 그런 식으로 살아왔다. 시간을 알차고 의미 있게 보내려고 꼼꼼히 계획을 세우고 철저히 실행해 많은 성과를 이루어내곤 했다. 하지만 바이러스에 의해 목숨을 위협받고 격리된 지금은 어떤 행동이 최선일까?

잠시 휴식을 취한 미하엘 씨는 다시 다락방으로 올라가 식물들에게 소량의 영양분과 무기질을 섞고 석회분을 제거한 물을 주었다. 이런 노력 덕인지 식물들은 모두 나무랄 데 없는 상태다. 미하엘 씨는 그 모습에 행복을 느꼈다. 스타펠리아(Stapelia)는 벨벳처럼 고운 꽃이 달렸고, 아름답게 매달려 있는 틸란드시아(Tillandsia)는 벌써 싹이 돋아나고 있었다. 또 그의 오래된 포도옹(Cyphostemma juttae)은 드디어 열매를 맺었다. 포도송이처럼 검붉고 유혹적이며 강한 독성을 품은 열매들. 마침 식물 잡지에 실릴 기고문에 첨부할 열매 사진이 필요하던 차였다.

좀 더 멋진 사진을 찍으려 열매들을 이리저리 건드리던 미하엘 씨의 머릿속에 문득 “죽음은 철학으로 이끄는 안내자다”라는 말이 떠올랐다. 언젠가 어머니 집 부엌에 걸린 달력에서 읽은 문구인데, 아내를 떠나보낸 후 고통스러운 시간을 보낼 때 이집트의 《사자의 서》를 읽으며 똑같이 생각했다.

그 말이 정말이라면 이제부터 그 안내자를 따라가야 하지 않을까. 남은 시간을 나 자신과 이 세상을 제대로 깨닫는 데에 바쳐야 하지 않을까. 이런 생각이 들자 미하엘 씨는 망설이듯 그 자리에 섰다. 그러고는 시든 잎사귀 몇 개를 뜯고, 덜커덩 소리와 함께 큼직한 토분을 똑바로 세워놓았다. 그때 케로페기아 산데르소니(Ceropegia sandersonii)의 토끼 모양 꽃에 난 보라색 솜털이 감탄을 자아냈다.

미하엘 씨는 다시 1층으로 내려가 차를 마셨다. 이어 천천히 배낭을 풀고 카메라를 컴퓨터와 연결한 뒤 뜨거운 물로 샤워했다. 한참 동안 등줄기로 물을 흘려보내며 살뜰한 지인이 선물해 준 비누 향을 즐겼다.

욕실 유리창을 통해 화려하게 자란 식물들의 자태가 보인다. 욕실은 강력한 히터, 환풍기, 사방을 대낮처럼 환하게 비춰주는 조명이 갖춰진 열대 온실을 방불케 했다. 샤워기와 세면대, 거울은 그냥 덤이다.

미하엘 씨는 욕실에 파인애플과 식물, 난초과 식물, 양치류 식물 외에 식충식물도 몇 포기 갖다 놓았지만, 어느 녀석이든 보르네오섬에서 봤던 네펜데스와는 감히 비교할 수 없었다.

미하엘 씨는 비누를 볼에 문지르려다가, 문득 한 철학자를 떠올렸다. 암초 사잇길 같은 복잡하고 어려운 철학 이론을 노련한 선장처럼 안내한다는 철학자다.

미하엘 씨가 심리학이니 종교학이니 하는 분야에 도움을 받으려 한 적은 한 번도 없었다. 미하엘 씨는 그런 것과 맞지 않았다. 막연하고 모호한 대답들에 만족하기에는 지나치게 합리적인 사람이었다. 미하엘 씨는 평생을 컴퓨터 프로그램을 짜는 일로 보냈다. 거기에는 모호함 따위가 들어설 자리란 없었고, 그런 것이 있다면 제거해야 할 오류일 뿐이었다. 살면서 겪은 실망과 상처들도 그렇게 옆으로 밀어내기에 급급했다. 죽음이나 고통에 대한 두려움 따위도 없었다. 두려워해봤자 무슨 소용인가. 오히려 자신의 의지에 반하여 삶이 변해간다는 사실이 화가 날 뿐이었다. 하지만 지금은 어떤 행동이 최선인가?

한참을 고민하던 미하엘 씨는 마침내 결정을 내렸다. 죽음이 턱밑까지 찾아왔다면 아까 떠오른 말대로 철학에 빠지는 것이 최선이 아닐까? 그것이야말로 가장 의미 있게 남은 시간을 보내는 길이 되리라. 미하엘 씨는 내일 철학자의 주소를 찾아 연락해보기로 했다.

선생님, 안녕하십니까?
제 소개를 드리자면 방금 탐사 여행을 마치고 돌아와 바이러스의 위협으로 자가격리 중인 사람입니다. 보건 당국에서 알려온 바로는 만에 하나 실제로 바이러스가 발병하면 갑작스러운 죽음을 맞이할 가능성이 크다고 합니다. 잠복기간은 40일에서 50일로 추정된다고 합니다. 저는 이 시간을 의미 있게 보내고 싶습니다. 그래서 선생님께 철학 상담을 부탁드리오니 부디 제 청을 받아주셨으면 합니다.

선생님의 행복을 빌며

미하엘 올림

추신: 사례금에 대해서는 걱정하지 않으셔도 됩니다. 제 형편은 어렵지 않은 편이며 제게 중요한 것은 남은 시간 동안 철학적 사고와 친해지고, 그 과정을 선생님께서 함께해주시는 것입니다.

곧장 호의적인 답장이 돌아왔다. 철학자는 미하엘 씨의 부탁을 흔쾌히 받아들였고 화상 미팅 대신 메일로 연락을 주고받자고 제안했다. 미하엘 씨의 특수한 상황을 고려해 기억에 남은 과거 에피소드의 핵심을 간추려 글로 적어보라고 했다. 죽음에 관한 성찰은 결국 자기 삶을 바탕으로 이루어지는 것이고, 죽음에 관해 철학하는 것은 곧 삶에 관해 생각하는 것이기 때문에 그러한 작업이 의미가 있으리라는 말이었다.

철학자는 또 미하엘 씨의 글에 철학적 논평을 달아 24시간 안에 답장하겠다고 했다. 자신의 논평은 미하엘 씨가 쓴 글에 철학적 해석을 제공하고 생각거리를 보태는 역할을 할 것이며, 미하엘 씨가 처한 어려운 상황과 자신이 받는 보수를 생각할 때 그 정도 수고는 당연한 의무라고 전했다.

철학자가 답장 끝에 사례금을 언급하는 데에 미하엘 씨는 절로 웃음이 나왔다. 어쨌거나 철학자가 다른 일을 팽개치고 자기를 위해 소중한 시간을 할애해준다는 말이 기뻤다.

미하엘 씨는 첫 글을 쓰려고 온 정신을 집중했다. 그렇지 않아도 과거의 경험이 하나씩 모여 현재 자신을 만들었다고 생각한 참이다. 어린 시절부터 습관처럼 써왔던 일기 등을 참고해 지금까지 있었던 의미심장한 일들을 하나하나 떠올려보았다. 먼저 어릴 적 기억에서부터 시작했다. 그것을 선별된 단어로 정리해 철학자에게 해석을 부탁할 생각이다.

앞으로 미하엘 씨는 이틀에 한 번꼴로 아침 9시 반에 녹색 라임즙을 넣은 홍차를 마시며 책상에 앉아 글을 한 편씩 쓴 뒤, 정오에 그 글을 메일로 보낼 것이다. 그리고 다음 날 정오에 철학자의 논평을 받아 꼼꼼히 읽어볼 것이다. 새로 배운 철학을 머릿속에 담아두고 생각의 동반자로 삼을 수 있도록 말이다. 저녁이 되면 다음 날 어떤 이야기를 쓸지 생각하고, 나머지 시간은 식물들을 위해 바칠 것이다.

특별한 혼합토을 준비하고, 비좁아진 화분을 큰 화분으로 교체하고, 새로 생긴 잎과 새로 핀 꽃을 보며 행복감에 젖을 것이다.

천천히 뿌리내린 안식처,
우정

철학자 선생님, 첫 번째 이야기를 보내드립니다.

우리 가족이 시골 할아버지 할머니 댁에 머물 때의 이야기입니다. 다섯 살이 된 저는 어머니에게 이제 다 컸으니 혼자서도 나가 놀 수 있다고 장담했습니다. 아마 낯선 사람들을 만나 이야기를 나누고 싶었던 것 같습니다. 하지만 제가 미덥지 못했던지 어머니는 거리를 두고 뒤를 따라오셨죠.

저는 공동묘지로 이어지는 어두운 와인 농가 골목으로 당당히 걸어 들어갔습니다. 무덤과 불 켜진 촛불과 화려한 꽃들이 보였습니다. 특히 긴 사슬처럼 모여 고목 껍질에 몸을 숨긴 붉은 무늬의 딱정벌레가 마음에 들었습니다.

더 안으로 걸어가니, 등이 굽고 키가 작은 남자가 수많은 연장에 둘러싸여 무덤을 만드는 광경이 보였습니다. 제가 말을 걸자 그 아저씨는 무덤 파는 일이 무엇인지 설명해주었죠. 그 이야기는 곧장 제 마음을 사로잡았습니다. 제가 아저씨의 일을 도우려 하자, 그분은 처음에는 사양했지만 결국 시든 화환 하나를 쥐여주며 담 뒤편 구석에 있는 쓰레기장에 갖다 버리게 했습니다. 쓰레기장에 산더미처럼 쌓인 기이한 물건들이 햇빛에 다채롭게 반짝이던 모습이 지금도 기억에 생생합니다. 아저씨는 신이 나 흥분한 제 모습을 보며 껄껄 웃었습니다.

다 쓴 물뿌리개들을 서둘러 수돗가로 갖다 놓는 순간, 공동묘지 입구 쪽에서 손짓하는 어머니가 보였습니다. 우리 쪽으로 다가오는 어머니에게 아저씨가 물었습니다.

"이상한 일이네. 꼬마 녀석이 왜 이렇게 공동묘지에서 일하는 걸 좋아할까?"

어머니는 그 질문에 대답할 수 없었지만, 대신 제가 글자를 새기는 각자(刻字) 장인의 손자라고 말했습니다. 이를 안 아저씨는 제 머리를 다정하게 쓰다듬어주었습니다. 공동묘지 한가운데에 있는 신바로크 양식의 화려하고 거대한 십자가상에 금박을 입히고 묘표에 부착된 철판에 글자를 새긴 사람이 바로 우리 할아버지였는데, 아저씨는 할아버지와 친한 친구였던 것이죠. 저도 자연히 두 분과 어울리게 되었습니다.

아저씨는 아내와 묘지 안에 있는, 장미로 뒤덮인 아름다운 오두막집에 살았습니다. 저는 수년간 거의 매주, 여름에는 하루도 빠짐없이 아저씨를 찾아가 한두 시간씩 도와드렸죠. 그분은 허리 통증이 심했던 터라 제가 물 주는 일을 맡자 좋아하셨습니다. 나이와 상관없이 우리는 좋은 친구였습니다. 저는 보수도 받았는데, 대개 은화 한 닢이었죠. 그 은화를 건넬 때마다 아저씨는 항상 마음을 건네주듯 제 손바닥에 동전을 꼭 쥐여주셨습니다.

아저씨는 놀라운 이야기를 많이 알고 있었습니다. 가령 시체를 다시 파내다가 물 같은 액체가 찬 관 속에 죽은 사람의 수염이 둥둥 떠다니는 장면을 목격한 일, 장례식 도중 관 속에서 뚜껑을 똑똑 두들기는 소리가 들려서 소란이 벌어진 일, 그때 죽지 않았던 여인이 2주 뒤에 진짜 죽었다는 이야기 따위였죠.

마지막으로 뵈었을 때, 아저씨는 고목 같은 노인으로 변해 있었습니다. 그분은 저를 보자 눈물을 흘리기 시작했습니다.

그분이 세상을 떠나고 나서야 대도시에서 노숙자로 지내다 일찍 생을 마친 아들이 하나 있었다는 사실을 알게 되었습니다.

감사합니다, 미하엘 씨.

한편의 가슴 뭉클한 이야기였습니다! 죽음과 시든 화환, 무덤 파는 노인이 어른거리는 이야기 중심에는 생기 있게 살아 움직이는 뭔가가 있습니다. 싹을 틔우는 당신의 '독립된 자아'죠. 모든 것은 놀라움과 호기심에서 시작됩니다. 당신은 비밀스러운 장소와 그곳에서 온갖 일을 도맡아 하는 특별한 한 남자를 발견합니다. 타인의 삶에 대한 호기심은 놀라움으로 가득한 새로운 세상을 열었습니다. 공감과 관심이 피어나고, 이는 마법 같은 특별한 우정으로 발전합니다.

어린 시절의 우정, 그중에서도 어른과의 우정은 이상적인 배움의 방식입니다. 그런 소중한 경험에 대해 늦게나마 축하를 드립니다. 우리는 그런 경험을 바탕으로 자신의 꿈을 키워나갑니다. 그것은 평생을 따라다니는 일종의 원초적 이미지와도 같습니다.

우정은 일방적으로 정해진 친족 관계, 감정이 앞서기 쉬운 애정 관계와 달리 우리의 선택과 결정에 기반합니다. 친구를 사귈 때 우리는 자유롭습니다. 그런 이유로 철학에서도 우정을 고귀한 것으로 여겨 특별한 의미를 부여해왔습니다.

고대 그리스인들에게 필리아, 즉 우애 또는 우정과 교감은 삶의 귀중한 자산이었습니다. 소크라테스의 제자인 크세노폰은《소크라테스의 회상》에서 다음과 같이 전합니다.

"하지만 그 어떤 재산보다도 좋은 친구야말로 훨씬 귀중한 것이 아닐까? 대체 어떤 말이나 수레를 끄는 수소가 훌륭한 친구만큼이나 가치가 있단 말인가?"

크세노폰에 따르면 '친구'는 인색하고 탐욕스럽거나 싸움을 좋아해서는 안 되고, 선을 베풀 뿐만 아니라 선에 응답해야 합니다.

또 솔직해야 하고 아첨꾼이어서는 곤란합니다. 참된 우정은 상호 이익이 아닌, 서로를 '미덕으로 이끌기 위해' 맺어지기 때문입니다.

소크라테스의 가장 유명한 제자 플라톤도 우정이란 주제를 지나치지 않았습니다. 플라톤은 서로 도움이 되는 상호성과 지혜로움을 가장 중요한 요소로 꼽습니다. 《뤼시스》에서 플라톤은 "네가 지혜로우면 모두가 네게 친절하고 너와 친해질 것이다. 네가 모두에게 유용하고 좋기 때문이다"라고 설명합니다.

미하엘 씨, 이 구절을 읽으면 당신의 이야기가 떠오릅니다. 낯선 남자에게 다가가 그를 도왔던 당신은 플라톤이 말한 대로 '지혜로운' 사람이었습니다. 새로운 경험을 거부하지 않았던 당신은 학습 능력도 뛰어났을 겁니다. 또 무덤 파는 남자는 어린 당신에게 관심을 보이고, 능력에 맞는 과제를 주고, 질문에 일일이 답해주었습니다. 두 사람 모두 지혜롭고 호의를 품고 있었기에 좋은 우정이 피어날 수 있었던 것입니다.

플라톤의 제자이자 진정한 친구가 있어야 성공한 인생이라고 했던 아리스토텔레스는 《니코마코스 윤리학》에서 우정을 맺는 세 가지 이유로 유익, 유쾌, 덕을 언급합니다. 도움이 되거나 재미있거나 사람 자체가 좋을 때 우리는 그 사람을 친구로 삼습니다. 그런데 유익하거나 유쾌한 우정은 더는 혜택을 얻을 수 없거나 즐거움의 기준이 바뀌면 끊어지는 불안정한 우정입니다. 어찌 보면 이익과 재미를 위한 '수단'인 것이죠. 깊이가 있다고 보기 어렵습니다. 하지만 상대방의 모습을 있는 그대로 존중하고 덕이 있는 '좋은 사람들의' 우정은 다릅니다. 이들의 우정은 조건이 없으므로 오랫동안 유지될 수 있습니다. 때로는 삶의 일부가 될 정도죠. 게다가 아리스토텔레스에 따르면 이런 우정은 유익함과 유쾌함을 모두 포함하고 있다고 합니다. 이익과 재미를 포기하지 않아도 됩니다.

에피쿠로스는 또한 우정에서 이기적인 부분을 언급하지 않고 선하고 좋은 것만 이야기하는 것은 위선이라고 꼬집습니다. 그는 우정이 어려울 때 서로를 의지할 수 있다는 확신, 즉 '상호 유용성'에 뿌리를 두고 있다고 보았습니다. 냉정해 보이지만, 사실 이 상호 유용성은 눈에 보이는 이익만이 아니라 좋은 대화를 나누고, 서로 통한다고 느끼고, 조언을 얻거나 기쁨을 주는 친절한 한마디를 듣는 것도 포함합니다. 에피쿠로스는 이렇게 시작된 우정이 오랫동안 그 가치를 입증하면, 그때는 유용함이 아닌 다른 이유로 관계를 지속할 수 있다고 여겼습니다. 분명 자신에게 어떤 좋은 영향도 끼치지 않는 이와 친구가 되려는 사람은 아무도 없겠죠.

고대 로마에서는 '우정'을 주제로 한 책이 따로 쓰이기도 했습니다. 그 책이 바로 키케로의 《우정론》입니다. 키케로에게 우정은 지혜와 더불어 신들이 인간에게 준 가장 값진 선물이었습니다. 그에 따르면 우정은 무언가가 필요해서, 뭐를 좀 얻으려고 맺는 것이 아니라 정직함과 올바른 품성, 미덕을 지닌 이에게 사랑과 호의를 느끼는 인간의 본성에서 비롯한다고 합니다. 미덕만큼 사랑스럽고, 우리를 애정으로 이끄는 것이 없기에 미덕 없이는 우정이 존재할 수 없다는 거죠. 따라서 참된 우정은 명예를 얻으려는 욕심과 제멋대로 구는 태도와 오만함에서 벗어난, 믿음직스럽고 고귀한 신념을 가진 선량하고 지혜로운 사람들 사이에서만 피어납니다.

하지만 우정을 평생 지키기란 쉽지 않습니다. 키케로가 말했듯이, 친구 간에도 정치적 견해가 다를 수 있고, 주변 사정이 나빠지거나 나이가 들면서 성격이 변할 수도 있습니다. 관직과 명예를 두고 경쟁을 벌이는 일도 허다합니다.

당신과 무덤 파는 남자의 우정도 나이가 들고 관심사가 변하면서 어느 순간 끝나고 말았습니다. 그래서인지 마지막 문장에 우수가 서려 있습니다. 우정에도 맞는 때가 있고 언젠가는 끝나게 되죠. 이 추억에 의미를 부여한 것은 참 잘한 일입니다.

임마누엘 칸트는 《윤리형이상학》에서 '순수하고 완전한' 이상적인 우정은 불가능하다고 말했습니다. 신화에서나 볼 법한 그런 우정은 현실과 동떨어진 데다가 무엇보다 "소설가가 좋아하는 화제"에 불과하다고 주장합니다. 하지만 이런 이상을 추구하는 일은 "영예로운 의무"라고도 했죠. 칸트는 '서로 존중하면서 비밀스러운 생각과 판단, 감정을 서로에게 털어놓을 수 있는 완전한 신뢰'를 참된 우정의 핵심으로 보았습니다. 아무리 친밀하고 신뢰하는 사이라도 서로가 가진 '판단'과 '감정'이 일치하지 않고 상대를 존중하는 마음이 흔들리면 우정을 잃을 위험이 큽니다.

덴마크의 현인 쇠렌 키르케고르도 비슷하게 생각했습니다. 그는 《이것이냐 저것이냐》에서 오늘은 '모호한 감정과 호감'을 느끼며 서로를 친구라 부르지만 내일이면 멀어지는, 그때그때의 감정으로 사귀는 가벼운 우정을 꼬집어 "참된 우정은 언제나 깨어 있는 의식을 요구하므로 호감에 눈이 먼 상태를 벗어나게 한다"라는 말을 남겼습니다. 또 키르케고르에 따르면 참된 우정은 서로에게 진지할 때만 가능합니다.

미하엘 씨, 어릴 적 당신처럼 마냥 뛰노는 천진난만한 아이라도 참된 우정을 피워낼 수 있습니다. 무덤 파는 노인 역시 진지한 태도와 마음으로 당신을 자기 왕국에 천천히 받아들였습니다.

어쨌든 우정은 삶에 없어서는 안 될 요소입니다. 우정은 든든한 버팀목이 되어주고 용기와 위로를 건네며 자신감을 높여줍니다. 무엇보다 삶에 큰 변화가 일어나면서 불안감이 커지는 힘든 시기에 우정은 우리를 안심시키는 견고한 안식처가 되어줍니다.

“견고한 안식처.”

미하엘 씨는 그 단어를 혼자 중얼거렸다. ‘걷는 산세베리아’라고도 불리는 산세베리아 핑구이쿨라(Sansevieria pinguicola)가 좀 더 자란 것을 막 확인한 참이었다. 지난여름 함부르크의 한 재배자가 단단하게 싸서 택배로 보내준 아이였다.

“이 철학자 선생은 어딘가 별난 구석이 있는 사람일 거야. 오래전 살았던 철학자들이 쓴 책들 속에 파묻혀 살고 있겠지. 그것도 나쁘진 않겠지만.”

우정. 미하엘 씨는 그동안 소홀했던 친구들은 물론 소중한 친구들과도 그 어느 때보다 멀어진 듯한 심정이었다.

‘몇몇 친구에게는 직접 작별 인사를 해야겠어. 그건 내 의무이기도 해.’

하지만 평생을 직장에서 전화통을 붙잡고 살다시피 한 미하엘 씨는 전화를 거는 일이 왠지 내키지 않았다. 지금은 조용히 혼자만의 시간을 보내며 눈앞에 닥친 일에 대한 마음의 준비를 하고 싶었다. 전화로 이런저런 이야기를 하거나 위로받고 싶지 않았다. 메일로 철학 상담을 할 수 있어 대단히 다행스러웠다. 방해하는 목소리도 들리지 않고, 생각하고 글 쓰고 읽을 때 귀찮게 하는 것도 없었다.

산세베리아 핑구이쿨라
높이: 35㎝
화분 지름: 20㎝

미하엘 씨는 산세베리아 핑구이쿨라의 딱딱하고 날카로운 잎 끝을 쓰다듬었다. 손의 무게에 잎이 위아래로 살랑살랑 흔들렸다. 하지만 뿌리는 움직이지 않는다. '견고한 안식처'는 녀석의 지주근이 단단히 박힌 화분에도 해당되는 말이었다. 미하엘 씨는 화분 속 흙을 자생지인 케냐처럼 건조하게 조성했다. 재배자의 조언에 따라 배수가 잘되도록 돌은 많이 넣고 부식토는 약간만 섞었다. 그 흙에 산세베리아 핑구이쿨라는 뿌리를 내렸다. 고향을 떠나온 이 녀석이 새로운 터전을 찾은 것은 물론이고 자신을 사랑해주는 팬까지 만난 셈이다.

이 식물은 1960년대 케냐에서 발견되자마자 수집가들 사이에 전설적 존재로 떠올랐다. 가느다란 지주근 덕에 공중에 떠 있는 것처럼 보여서 더 그랬다. 새싹들은 옆으로 뻗은 가지에서 피어나고 첫 잎들의 끝이 딱딱하고 뾰족해지면 특유의 가늘고 긴 다리가 자라기 시작한다. 다리는 천천히 흙으로 들어가 뿌리를 내리고 그때부터 스스로 영양분을 빨아들인다.

미하엘 씨는 저명한 희귀 식물 중개인이자 예전에 산세베리아 핑구이쿨라를 길렀다는 상타리우스 교수를 떠올렸다. 식물들의 안전을 걱정하며 전화한 그에게 교수는 무슨 일이 생기면 자신이 식물들을 맡겠다고 약속했다. 자기 온실에 두었다가 언젠가 적절한 수집가를 만나면 입양 보낼 것이라 했다. 만에 하나 미하엘 씨가 바이러스로 목숨을 잃더라도 식물들은 안전할 것이다. 미하엘 씨는 안심했다. 아이들을 키우며 들인 그간의 수고도 헛되지 않은 셈이다.

대단히 만족스러워진 미하엘 씨는 산세베리아 핑구이쿨라를 특별히 볕이 가장 잘 드는 곳에 놓아두었다. 겨울에도 따뜻한 자리로 옮겨가며 키운 덕인지, 기쁘게도 싹을 틔우기 시작했다. 몇 년이 지나면 첫 꽃도 피울 것이다. 환상적인 향을 풍기는 촘촘한 다발 모양의 흰 꽃들이 로제트형 잎에서 위로 뻗어 올라 몇 주 동안 화려한 자태를 뽐내리라. 거기까지 생각이 미치자 미하엘 씨는 깊이 숨을 들이마셨다. 그리고 한 번 더 들이마셨다. 앞으로 이런 일을 경험하지 못할 수도 있다는 예감 때문이었다.

식물의 무게 탓에 위태로울 만치 기울어진 몇몇 화분들을 바로 세워놓은 뒤 미하엘 씨는 천천히 계단을 내려가 소파에 몸을 묻었다. 그러자 착생식물들에게 줄 흙이 다 떨어졌다는 사실이 떠올랐다. 그것도 '쇼핑 목록'에 올려놓아야 한다.

'그리고 또 뭐가 있어야 하지?'

다시금 친구들이 떠올랐다. 가슴 아픈 기억을 남긴, 깨진 우정도 생각났다. 하지만 이제 와 지난 일을 어떻게 되돌려놓을 수 있을까? 잠깐이라도 잠을 자두는 게 지금으로서는 최선이라고 여긴 미하엘 씨는 눈을 감았다.

잠에서 깨어난 미하엘 씨는 어린 시절에 있었던 또 다른 이야기가 생각났다. 그는 내일 아침 그 기억을 글로 써서 철학자에게 보내기로 했다.

호의가 피워낸 마음,
감사

철학자 선생님, 이건 제가 초등학생일 때의 일입니다.

저는 학교에 입학하자마자 제게 쓰기 장애가 있음을 깨달았습니다. 제가 쓴 글자들은 한 줄로 가지런히 서는 대신 이리저리 흩어졌고, 크기도 제각각이라 보기에도 끔찍했습니다. 숫자도 거꾸로 뒤집혀 있었죠. 한 번은 오른손으로 또 한 번은 왼손으로도 써봤지만 상황은 나아지지 않았습니다. 선생님도 문제 해결에 별 도움이 되지 못했습니다. 도리어 저를 고집쟁이 취급하며 '특수학교'라는 말을 입에 올렸죠. 거기서는 좀 더 쉽게 '따라가고' 학교생활도 한결 수월할 것이라면서요.

반면 읽기에는 어려움이 없었습니다. 오히려 1학년을 마칠 무렵에는 다른 사람에게 책을 읽어주며 큰 즐거움을 느끼곤 했습니다. 그래서 어머니는 특수학교를 고려하는 대신 저를 위한 쓰기 연습 프로그램을 짰습니다. 전 2학년이 될 때까지 그 훈련을 견뎌내야 했죠. 너무 힘들어서 눈물을 흘린 적도 한두 번이 아닙니다. 하지만 어머니는 단호하면서도 부드러운 애정과 공감을 보이며 제가 문자 언어의 규칙을 받아들이도록 도와주셨습니다. 그때 글씨 쓰는 손을 자꾸 바꾸지 않는 게 더 좋다는 걸 깨닫고 오른손만 사용하기로 마음먹었습니다.

아버지의 서재도 쓰기 훈련에 도움이 되었습니다. 아버지는 《정글북》, 《보물섬》, 《로빈슨 크루소》, 《알리바바와 40인의 도적》, 드라큘라 이야기, '셜록 홈스' 시리즈, 에드거 앨런 포의 소설 같은 읽을거리를 꾸준히 가져다주셨습니다. 어린이용 책은 아니었지만 손에 땀을 쥐게 하는 명작들이어서 전부 끝까지 읽었습니다. 어느 정도 시간이 지나자 학교 수업을 문제없이 따라갈 정도가 되었고, 반 아이들 앞에서 제가 쓴 글을 읽어주기도 했습니다. 중요한 명예 회복의 순간이었죠.

훗날 저는 완전히 다른 유형의 언어에 매혹되었습니다. 복잡한 과정을 제어하는 미래 언어, 컴퓨터에 사용되는 프로그래밍 언어 소스 코드입니다. SF 시리즈 〈스타트렉〉에서 보던 컴퓨터를 누구나 살 수 있는 시대가 열리며 저는 소프트웨어 개발을 직업으로 삼았습니다. 그렇다고 일상에서 쓰는 언어와 쓰기에 대한 애정이 식은 것은 아닙니다. 특히 일기 쓰기는 지금까지도 삶에서 떼어낼 수 없는 소중한 습관으로 남아 있습니다.

*

친애하는 미하엘 씨.

미하엘 씨는 당연히 지금도 어머님께 고마움을 느끼고 있겠지요! 어머님은 아이를 위해 발 벗고 나서서 창의적인 해결책을 마련했습니다. 학교생활에 어려움을 겪는 자식을 둔 모든 부모처럼, 어머님도 걱정이 이만저만이 아니었을 것입니다. 어머님이 택한 방법이 얼마나 성공적이었는지 이제 확실히 아시리라 믿습니다. 그런 도움이 없었더라면 지금 같은 위치에 있기 어려웠을 터입니다.

어머님에 대한 고마움을 잊지 않아 다행입니다. 죽음을 준비하는 과정에서 감사해야 할 사람을 떠올리는 것은 중요한 일입니다.

제게 철학적 농담을 허락하신다면, 그것은 타로 가운데 최후의 심판 카드나 운명의 수레바퀴 카드를 뽑기 전에 일찌감치 해놓아야 할 일입니다.

고대 그리스어 '에우카리스티아'는 감사의 마음을 비롯해 말과 행동으로 하는 감사 표시까지 뜻하는 단어입니다. 고마움을 '누구에게 언제 표현할지', '누구한테 어떻게 받아도 좋은지' 아는 것도 포함합니다. 이런 '에우카리스티아'가 처음으로 드러나는 문헌은 〈히포크라테스 선서〉입니다. 박식한 의학자 히포크라테스는 선서에서 스승에게 감사하는 마음을 말합니다.

"내게 이 기술을 가르쳐준 이를 내 부모처럼 공경하고 삶을 함께할 것이다. 그가 빚을 져서 궁핍하면 내가 나서서 돕고 그의 자손들을 내 형제처럼 대할 것이다."

《소크라테스의 회상》에 따르면 소크라테스는 '감사'를 신들이 인간에게 적용한 "불문율"로 간주합니다. 그러므로 모든 사람에게 똑같이 적용되지요. 인간 세상의 법과 달리 절대 도망치거나 유예할 수 없습니다. 신들이 불문율을 어기면 그 즉시 처벌받는 듯이 느끼도록 인간을 만들었기 때문이지요. 어쩌면 영혼의 처벌은 평생 지속될지도 모릅니다.

아리스토텔레스는 사람으로 구성된 공동체는 선을 주고받음으로써 유지되고, 그 균형이 깨지면 허물어진다고 보았습니다. 그는 《니코마코스 윤리학》에서 우아함과 아름다움을 상징하는 카리스 여신들의 신전을 언급하며 다음과 같이 말합니다.

"그래서 사람들은 보답의 중요성을 강조하고자 카리스 여신들의 신전을 눈에 잘 띄는 곳에 세운다. 우리에게 은혜를 베푼 이에게 보답하고 다음번에는 먼저 나서서 은혜를 베푸는 것이 바로 감사의 속성이기 때문이다."

고대 로마에서는 그라티아, 미술사에서는 삼미신으로 불린 고대 그리스의 카리스 여신들은 신과 인간에게 우아함과 사랑스러운 매력, 환희를 선물하는, '기쁨'을 주는 존재였습니다. 이들로부터 선물을 받았다면 감사한 마음을 가져야 하지요.

"감사함을 나타내는 것보다 더 중요한 의무는 없다"고 키케로는 《의무론》에서 단언합니다. 품성이 바른 사람은 선행에 보답해야 합니다. 특히 우연히 이루어지거나 이익을 바라고 베푼 것이 아닌, 올바른 신념에서 비롯한 선행에 보답하지 않는 것은 절대 해서는 안 될 일이라는 것입니다. 이는 명예가 달린 문제로, 키케로는 "우리는 도움을 기대하는 이들에게 봉사하기를 주저하지 않을진대, 이미 우리에게 도움을 준 이들에게는 어찌해야 한단 말인가?"라고 되묻습니다. 하지만 지금부터 감사를 표하려고 해도 누구에게 감사해야 할지 잘 모를 수도 있습니다. 크고 작음을 가리지 않고 우리는 많은 도움과 선의를 받으며 살아가니까요. 키케로는 그럴 경우 가족이나 진정한 친구 안에서 감사 대상을 찾아보라고 말합니다. '나와 가장 가까이 있는 사람에게 친절을 베풀 때, 사회와 공동체가 가장 잘 유지된다'면서요.

세네카도 도움이나 호의, 선물을 주고받을 때 마음가짐이 가장 중요하다는 의견에 동의합니다. 그는 〈루킬리우스에게 보내는 편지〉에서 '내게 도움을 준 사람이 다음날, 내게 더 큰 손해를 끼친 아주 난감한 상황'을 예로 듭니다. 이 사람을 은인으로 보고 감사 인사를 해야 할지, 아니면 피해를 보상하라고 요구해야 할지 고민되지 않습니까? 세네카는 선물(선의, 도움 등)의 "가치는 그 크기가 아니라 어떤 의도로 준 것인지에 따라 평가된다"라며 득실을 따지기보다 어떤 마음가짐에서 비롯한 것인지 아는 게 더 중요하다고 강조했습니다. 마음은 서로에게 영향을 끼칩니다. 바른 마음가짐에서 우러난 선의는 우리를 '자발적'으로 상대에게 '보답'하게 합니다. 그가 내게 주거나 나를 위해 쓴 것의 대가를 되돌려주는 것도, 갚는 것도 아니며, 그의 손실을 도로 채워주거나 해결해주는 것도 아닙니다. 마음에 답하는 행위입니다. 그러므로 세네카의 입을 빌려 이렇게 말할 수 있지요. 고마움을 표현하는 것은 "사랑과 우정의 일부이며" 우리가 감사한 마음을 품는 이유는 "다른 사람이 내게 호의를 더 베풀도록 하기 위해서가 아니라, 내가 이를 통해 비할 데 없이 즐겁고 아름다운 행위를 할 수 있기 때문"이고, "내가 감사하는 것은 그것이 이득이 아닌 즐거움을 주기 때문이다"라고 말입니다.

라틴어 '그라티암 레페레', 즉 '능동적으로 감사함을 표하는 것'은 감사하는 사람에게도, 감사받는 사람에게도 기쁨과 행복을 선사합니다. 반면 자신이 받은 것을 "언젠가 돌려주어야 하므로 그것을 미워하고 가치를 깎아내리고 자신이 받은 상처나 모욕은 침소봉대하는" 배은망덕한 사람도 있습니다. 이런 사람은 은인과의 사이에서 발생한 사소한 모욕과 불쾌한 감정을 이유 삼아 받은 은혜를 영원히 '잊어버립니다.' 보답하지 않아도 된다고 생각하는 것이지요. 하지만 그런 생각은 오산입니다. 누구도 자신의 영혼은 속일 수 없습니다. 불문율을 어기는 순간 이미 처벌받은 것과 마찬가지라고 말한 소크라테스는 이런 점을 고려한 것 같습니다.

삶의 기쁨과 행복을 잃는 것, 그것이 곧 처벌입니다.

한편 칸트는 《윤리형이상학》에서 "감사는 우리에게 선행을 베푼 사람에게 보내는 경의(敬意)"라고 말합니다. 여기서 말하는 '경의'란 '선행을 베푼 사람에 대한 존경심'을 뜻하죠. 어떤 행위를 해도 이미 받은 선의의 가치와 똑같을 수 없습니다. 갚는다고 사라지는 것이 아니라서 감사를 표할 의무를 계속 지고 있는 것이죠. 그러므로 칸트는 감사란 어기면 심각한 사건으로 여겨야 할 정도로 '신성한 의무'이지, 결코 결과나 목적을 위한 '수단'은 아니라고 보았습니다.

칸트는 물리적이나 신체적 실행 없이 마음에서 하는 '감정적인 감사'와 '능동적인 감사'를 구분합니다. 감사는 어떤 형태든 다 미덕이지만, 앞서 이야기했듯이 '능동적인 감사'는 '자발적으로 감사함을 표현'하는 일이죠. 그럼 어떻게, 어느 정도로 표현하면 좋을까요? 이에 대해 칸트는 "자기가 얻은 이득과 이타심에 따른 혜택이 어느 정도인지에 따라" 판단할 수 있다고 했습니다. 최소한 받은 것과 "똑같은 봉사를 제공"해야 합니다. 칸트는 받은 선행을 부담스러운 짐으로 여기지 말고(보답해야 하는 사람은 은혜를 베푼 사람보다 낮은 위치라 자존심 상할 수 있으므로) 진정한 감사를 가능케 하고, 미덕을 키우는 행위로 여겨, 기쁘게 받아들이는 것이 중요하다고 말합니다. 감사하는 마음이 "다정한 호의를 통해 (…) 인간에 대한 사랑을 (계속) 키워나가"도록 하기 때문이지요.

미하엘 씨는 어머니로부터 적지 않은 은혜를 입었다. 의심할 여지 없는, 인생의 큰 은혜였다. 계속되는 글씨 연습은 결코 어머니 자신의 만족을 위해서가 아니었다. 물론 당시에 그런 노력이 분별력이 없던 아이보다는 엄마의 걱정과 불안을 덜어주는 효과가 있었음을 부인하기는 힘들다. 미하엘 씨는 생각했다. 칸트가 말한 대로 어머니에게 최소한의 고마움을 표했을까? '똑같은' 선물로 은혜를 갚거나 그와 비슷한 뭔가를 했던가? 잘은 모르겠지만 적어도 양심의 가책은 느껴지지 않았고, 그래서 미하엘 씨는 다소 마음이 놓였다.

미하엘 씨는 생각에 잠긴 채, 식물들을 살피러 다락방으로 올라갔다. 어느덧 비가 내리고 있었다. 미하엘 씨는 빗방울이 천창에 떨어지며 내는 후드득 소리에 귀를 기울였다. 창 하나는 몇 년 전부터 비만 오면 빗물이 새서 바닥으로 떨어졌다. 미하엘 씨는 그 밑에 몇몇 양치식물과 오랜 친구 중 하나인 창각전(Bowiea volubilis)을 갖다 놓았다.

30여 년 전 어느 식물원의 희귀 식물 거래소 진열대 위에서 미하엘 씨는 작고 밝은 초록색 구근을 만났다. 매해 싹이 트고 잎이 없는 가느다란 줄기들이 자라났는데, 수 미터 길이로 뻗어가는 바람에 한데 묶어 올려줘야 했다. 줄기는 겨울이 되면 시들어버렸고, 주먹만 한 알뿌리로 성장한 구근은 어느 순간 종이 같은 껍질로 자신을 감싸기 시작했다. 알뿌리 상부층에 생긴 껍질은 만지면 바스락 소리를 내서 시든 게 아닌가 하는 걱정마저 들었다. 하지만 실제로는 구근이 갈라지는 것이었고, 이윽고 더 화려한 자태를 뽐내며 모습을 드러냈다. 지금은 지붕 서까래까지 뻗친 줄기가 산호 가지처럼 늘어져 있다. 몇 년이 지나며 작은 양파 같던 구근은 수없이 꽃과 열매를 선보이는 당당한 무리를 이루었다. 탱탱하고 건강한, 훌륭한 가족이 탄생한 것이다. 이 모습을 보며 미하엘 씨는 마음속 깊이 행복했다.

"신경을 안 써도 혼자서 잘 자라주는 고마운 녀석이야."

저 위에 있는, 말라버린 꼬투리 속 검은 씨를 거둬들이고자 사다리를 가져오며 미하엘 씨가 탄식조로 말했다. 하지만 종종 그렇듯 이번에도 너무 늦었다. 홀씨주머니가 벌써 터져 씨들이 사방으로 흩어져버렸다. 용케 기름진 흙에 떨어져 싹을 틔운 녀석들은 파처럼 생긴 줄기를 틔웠다. 미하엘 씨는 처음에 잡초인 줄 알고 뽑아냈다가 나중에 책을 보고서야 그게 어린 창각전이라는 것을 깨달았다.

"이 녀석이 바로 그 놀라운 이형성 식물이지" 하고 미하엘 씨는 사다리에서 내려오면서 중얼거렸다.

'처음에는 줄기, 나중에는 구근으로 변하며 꽃차례(꽃이 줄기나 가지에 붙어 있는 순서나 배열-옮긴이)를 형성하고, 씨를 만들고 다

시 줄기로 변하지. 여기서 은인은 누구일까? 줄기? 구근? 씨? 누구에게 은혜를 보답해야 할까?'

한참을 식물 앞에 서 있던 미하엘 씨는 허기를 느끼고는 부엌으로 향했다. 다행히도 지역 돌봄 기관에서 소개해준 한 젊은 대학생이 식료품이 든 바구니 두 개를 문 앞에 두고 갔다. 홍차에 넣으려고 주문한 라임 열 개 외에 신선해 보이는 뽀얀 닭고기도 한 마리분 있었다. 미소를 머금은 채 미하엘 씨는 물이 담긴 큰 냄비를 레인지 위에 올려놓았다. 그 안으로 뿌리채소와 소금, 신선한 칠리, 으깬 카다멈, 잘게 썬 생각 조각들을 넣었다. 땀을 쏙 빼줄 만큼 매운 수프를 끓일 생각이었다. 미하엘 씨는 그런 수프를 좋아했다.

남은 음식들을 잘 보관해둔 미하엘 씨는 흡족한 기분으로 좀 더 책을 읽고자 서재로 향했다. 벌써 깜깜한 밤이었다. 규칙적으로 울리는 귀뚜라미 소리가 귓전을 울렸다. 서재에 들어간 미하엘 씨는 책상을 둘러보았다. 책상 위에는 전 세계에서 날아온 소포들이 아직 뜯지 않은 채로 놓여 있었다. 대부분은 식물 관련 잡지인데, 미하엘 씨는 특히 〈아스클레피오스〉 최신 호를 기다렸다. 작년에 발행인이 세상을 뜨면서 잡지의 존폐가 불확실했기에 더욱더 그랬다. 학술적인 설명이나 재배 안내는 물론 거기에 실린 사진들도 늘 그렇듯 아주 마음에 들었다.

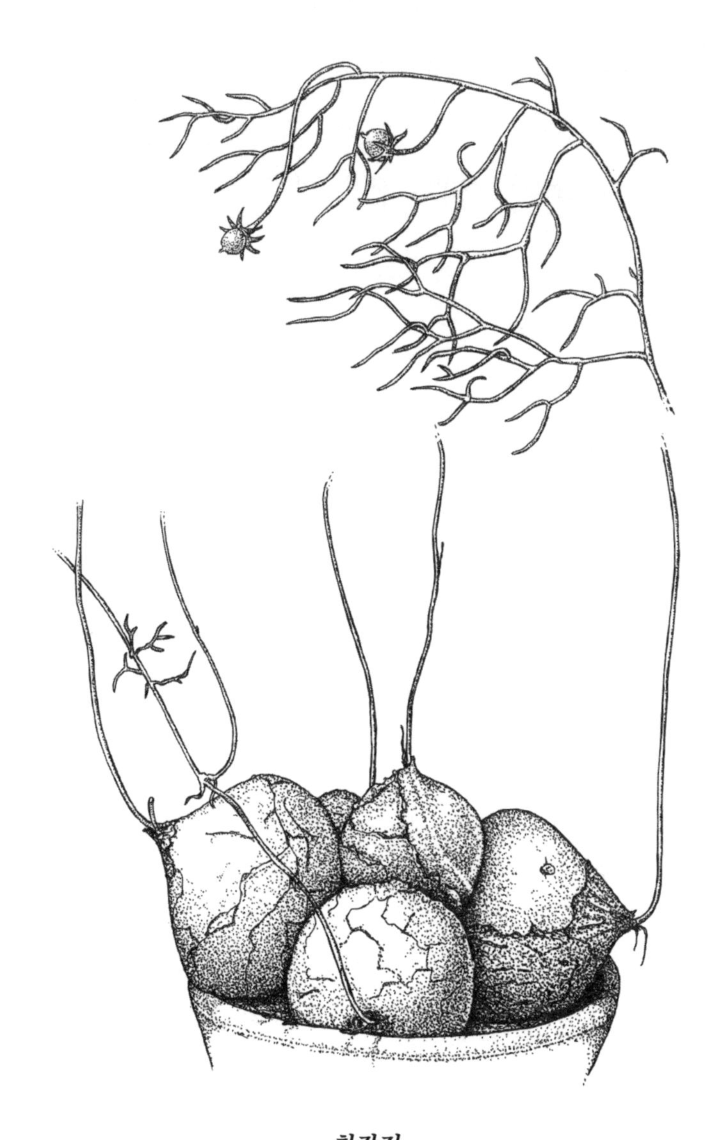

창각전

구근들의 지름: 6~12㎝
줄기 길이: 최대 4m

한 시간가량 독서에 몰두한 미하엘 씨의 머릿속에 불현듯 한 가지 일화가 떠올랐다. 어머니와도 어느 정도 관련이 있으며, 그로서는 한시도 잊은 적이 없었던 사건이었다.

나를 키우는 정원사,
자기결정

철학자 선생님, 이번 이야기는 마음의 갈등을 처음 겪은 일곱 때의 일입니다.

저희 학교는 학생들을 매주 미사에 참석시켰습니다. 향냄새로 가득한, 수도원에서 운영하는 화려한 바로크양식의 성당에서 말이죠. 솔직히 말해서 우리 일곱 살짜리들은 거기서 올리는 의식을 거의 이해하지 못했습니다. 하지만 우리의 시선을 잡아채는 놀라운 광경이 있었습니다. 바로 미사의 하이라이트라 할 수 있는, 신비스러운 성찬용 빵을 나누어주는 순간입니다. 우리는 구경만 했습니다. 우리가 거기에 참석하려면 먼저 영성체라는 걸 받아야 했습니다. 그러려면 고해성사가 필수였죠.

태어나서 처음 하는 고해성사였습니다. 그래서 먼저 고해성사의 의미와 아이들이 저지를 만한 죄에 어떤 것이 있는지 배웠습니다. 이해하기는 어렵지 않았지만, 언급된 사례 중 제게 해당하는 어떤 죄도 떠오르지 않는다는 점이 문제였습니다. 아무리 머리를 굴려봐도 그동안 '저지른' 죄가 생각나지 않았죠.

이 세상에 죄가 없는 사람은 한 명도 없으니, 다시 한번 찬찬히 생각해보라는 말을 들었습니다. 마침내 한 가지 기억이 떠올랐습니다. 언젠가 어머니 지갑에서 동전 하나를 훔치려다가 그만두고, 나중에 안 그러기를 잘했다고 생각한 적이 있었죠. 저는 양심이 시험대에 올랐던 그 경험으로부터 죄를 꾸며내 어머니한테서 돈을 훔쳤다고 고해성사 시간에 거짓말을 해버렸습니다. 사실이 아닌 일을 말하니 가슴이 마구 뛰었습니다.

죄를 용서받은 저는 속죄를 위해 제단 앞으로 보내졌고, 딱딱한 대리석 위에 무릎을 꿇고서 주기도문과 성모송을 열 차례나 읊조려야 했습니다. 처음에는 시키는 대로 잘 따라 했지만 얼마 후 제가 아무런 죄도 짓지 않았다는 사실이 떠올랐습니다. 당연히 속죄할 이유도 없었습니다. 그 자리에서 벌떡 일어나 성당 밖으로 뛰쳐나갔죠. 제 양심을 제외하고는 이 일을 눈치챈 사람은 아무도 없었습니다.

시간이 지나면서 무슨 일이 벌어진 것인지 서서히 깨달았습니다. 어쨌든 거짓말을 하긴 했으니 고해성사를 다시 할까도 생각했지만 관두기로 했습니다. 일곱 살짜리 아이가 당시 상황에서 죄를 고백하지 않거나 고해성사에 임하지 않는 것은 애초에 불가능했습니다. 마지못해 나섰던 고해성사였던 만큼 죄를 뉘우치기를 거부한 것은 제 정당한 권리를 행사한 것입니다. 제 행동은 정당한 것이었죠. 여기서 비롯된 딜레마를 해결하는 일은 크나큰 숙제가 되었고, 이 일을 계기로 저는 자의식이 강하고 사색적인 사람으로 자랐습니다.

*

친애하는 미하엘 씨.

보내주신 글에 감사드립니다. 자신의 결정에 따르는 행동이란 무엇인지를 보여주는 인상 깊은 이야기였습니다. 이 세상 누구도 죄 없는 사람은 없다는 어른의 말을 듣고도 어린 당신은 그대로 따르지 않았습니다. 죄 목록에서 자신의 죄를 찾지 못했고, 죄라고 불릴 만한 어떤 짓도 하지 않았음을 깨달았습니다. 그 판단이 옳았는지 아닌지는 지금 우리와는 상관이 없습니다. 진짜로 잘못을 저질렀다면 굳이 일을 복잡하게 만들 필요가 없었을 테니, 억지로 죄를 만들어내야 했다는 점은 분명해 보이는군요.

처음에는 그런 거짓 고해가 어떤 결과를 초래할지 미처 알지 못했을 겁니다. 그러다 '속죄'하라는 말을 듣고서야 비로소 뭔가가 단단히 잘못되었음을 깨달았죠. 이미 거짓말을 해버렸지만, 그와 별개로 저지르지 않은 일에 대한 억지 속죄는 부당하게 느껴졌을 겁니다. 그래서 어린 당신은 새로운 결심을 했습니다. 자리를 박차고 나갔죠. 물론 그것으로 문제가 해결되진 않았지만, 올바른 방향이 어디인지 스스로 생각하고 판단할 수 있다는 하나의 계기를 얻은 겁니다.

종교적 전통 속에서 자란 이들은 여러 의식에 친숙해집니다. 이런 종교적 의식이 개인의 발전에 도움이 되기도 합니다. 그게 종교의식의 철학적 의미죠. 이상적인 경우라면 그 경험이 우리에게 강렬한 인상을 남기며 인식과 성장의 과정을 촉진합니다. 미하엘 씨도 비록 당시에는 도덕적 딜레마에 빠졌지만 이를 주체적으로 잘 극복해 난처한 상황을 벗어났고 한결 강해질 수 있었던 것 같습니다.

자기 일을 스스로 합리적으로 결정한다는 이상적 개념인 '자기결정'은 처음부터 철학의 중요한 주제였습니다.

인간의 삶은 운명의 세 여신(클로토, 라케시스, 아트로포스)이나 복수의 세 여신(알렉토, 티시포네, 메가이라)처럼 신의 섭리에 지배된다는 당시 통념과 달리, 플라톤은 《국가》에서 삶의 길을 결정하는 것은 사실 우리 자신이라고 말했습니다.

"다이몬(운명)이 너희들을 위해 제비를 뽑는 것이 아니라, 오히려 너희들 자신이 스스로 다이몬을 선택하리라. 그렇게 택한 인생에 너희는 필연의 힘으로 묶이게 되리라. 책임은 선택하는 자에게 있지 신은 책임이 없느니라."

이쯤에서 "그렇다면 젊은이들이 올바른 선택을 하도록 돕는(통찰력을 키울 수 있는) 인생 경험과 지식을 어디서 얻는단 말인가?" 하고 묻는 사람도 있을 것입니다. 인간이 자기결정에 따라 행동하게 하는 것은 무엇일까요? 이에 대한 대답은 천성과 교육 두 방향으로 나아가지만, 결국에는 '운명'이라 부를 수 있는 것에서 다시 만납니다.

플라톤은 《테아이테토스》에서 인간은 "자기 언행의 주인이 되어야지 그 하인이 되어서는 안 된다"라고 말했습니다. 또 그의 설명에 따르면, 인간이 "분별력을 갖추고" 살아가려면 "자유롭고 여유 있는" 환경에서 교육되어야 합니다. 그렇지 않으면 "자신의 말에 기쁨을 느끼지 못하게" 됩니다. 즉, 자신의 언행에 만족하지 못한다는 것입니다.

그 같은 능력은 부모님 덕이기도 합니다. 플라톤의 표현대로 부모님이 우리를 "자유롭고 여유 있는" 분위기 속에서 길렀다면 우리는 성인이 되어 "분별력을 갖추고" 살아갈 수 있습니다.

한편으로 아리스토텔레스는 《니코마코스 윤리학》에서 사람은 "올바른 판단을 할 수 있게 해주는 눈" 즉, '도덕적 시각'을 가지고 태어나야 한다며, "이런 고귀한 능력을 타고나면 태생이 훌륭한 사람이라고 할 수 있다"고 지적했습니다.

좋은 부모를 만나거나 타고나는 것은 다 '행운(운명)'이라고 볼 수 있습니다. 분명 삶은 이런 행운에 좌우되긴 하지만, 우리는 철학자들의 믿음처럼 이 행운에 직접 관여할 수 있습니다. 비록 연약한 운명의 실을 부여받았다 해도 우리는 그 실로 다양한 형태를 떠낼 수 있습니다. 반면 운명의 총애를 받았지만 인생을 망친 이들도 수없이 많지 않습니까!

철학에서 자기결정이란 주제를 다룰 때는 늘 자유가 빠지지 않습니다. 이때의 자유란 '선택의 자유'로 이해하면 좋습니다. 자신이 무엇을 생각하고 믿을지 스스로 정할 수 있는 사람만이, 또 그 무엇에도 현혹되지 않고 최종적으로 자신의 양심에 따르는 사람만이 자유롭습니다. 고트프리트 빌헬름 폰 라이프니츠는 이를 한마디로 멋지게 정리했습니다.

"인간이 자신의 판단이나 선택에 부합하도록 생각하거나 생각하지 않고, 움직이거나 움직이지 않는 것이 가능한 한, 인간은 자유롭다."

라이프니츠의 《신인간지성론》에 따르면 자기 스스로 결정하는 '능력'에 바로 자유가 있습니다. 다만 여기에는 "가능한 한"이라는 단서가 붙습니다. 이는 선택할 '기회'가 있었는지에 대한 이야기이기도 합니다.

미하엘 씨, 일곱 살 당신에게 자기결정에 따른 행동이 가능했던 이유는 그동안 받았던 교육과 타고난 유전자, 또 죄가 없다고 자신할 수 있는 당돌함이 있었기 때문일 것입니다. 그런 태도를 무례하고 뻔뻔하다고 생각하는 사람도 있긴 합니다. 오해는 말아 주십시오. 저는 '당돌함'이 종교적, 혹은 정치적으로 곤경에 처했을 때 선택할 수 있는 훌륭한 전략 중 하나라고 봅니다. 당신은 어딜 보아도 비열한 겁쟁이와는 거리가 먼 사람입니다.

철학자의 논평을 주의 깊게 읽고 몇 가지 주석을 덧붙인 미하엘 씨는 골똘히 생각에 잠긴 채 진한 터키식 커피를 끓인 후, 주전자와 잔을 들고 식물방으로 올라갔다. 오늘은 물 주는 날이라 할 일이 많았다. 날이 더워 활짝 열어둔 환기창을 통해 새소리가 또렷이 들리면서 햇빛에 반짝거리는 다락방으로 산들바람이 불어왔다. 작업하기 딱 좋은 조건이 갖추어진 셈이다.

식물들 한가운데는 마을 광장처럼 벽돌이 깔린 타원형 공간이 있다. 거기에 옅은 무늬가 새겨진, 순백에 가까운 커다란 모자이크 탁자 하나가 놓여 있었다. 튀니지인 고객이 선물한 500킬로그램이 넘는 탁자다. 습기 찬 환경에도 끄떡없는 티크나무 의자도 여덟 개 딸려 있다. 미하엘 씨는 모든 것을 한눈에 굽어볼 수 있는 이곳이 특히 마음에 들었다. 미하엘 씨가 여기서 보낸 시간을 모두 합하면 꽤 될 것이다. 전설로 남을 '다육식물 동호회' 모임도 여기서 열렸다. 회원들은 각자가 기르는 식물 세 점을 들고 와서 열띤 토론을 벌이고 식물들을 서로 교환했다.

미하엘 씨는 수수께끼 같은 철학적 질문에 몰두하며, 늘 앉던 자리에 앉아 초콜릿 한 조각을 곁들여 커피를 마셨다.

'내게 찾아왔던 많은 가능성, 많은 기회 중에 내가 선택한 것들이라….'

미하엘 씨는 초콜릿을 빵처럼 꼭꼭 씹어먹으며 생각했다. 그 가능성 중에서 자유롭게 선택된 것은 무엇일까? 어쩔 수 없이 휩쓸렸던 것은 무엇일까? 선택할 기회가 주어진 것만으로도 다행이고 그 점에 늘 감사하지만, 그 과정에서 주체적 존재가 되었다는 것을 어떻게 알 수 있단 말인가?

두 잔째 커피를 비운 미하엘 씨는 웃음을 터뜨렸다. 철학자가 그에게서 발견했다는 예의 그 당돌함이 다시 떠올랐기 때문이었다. '제대로 봤어'라고 생각하며 미하엘 씨는 미소를 띤 채 물 주기 작업에 나섰다.

물을 줄 때마다 미하엘 씨는 최대한 집중했다. 만만히 볼 일이 아니다. 따뜻한 철에는 6시간까지 잡아야 하는 작업으로, 물을 주면서 식물들 하나하나의 건강 상태를 세심히 살피는 게 중요하다. 이런 일에 숙달된 미하엘 씨는 약해진 개체를 발견했을 때 그 자리에서 바로 조처할 수 있었다. 물론 가끔은 식물을 일단 모자이크 탁자에 분리해두고 나중에 특별 치료를 하거나 어떻게 할지 결단을 내려야 할 때도 있었다. 후자의 경우가 특히 어려웠다.

그의 귀한 식물 컬렉션에는 대부분 이름표가 달려 있었는데, 식물 속과 종은 물론 취득 날짜나 중개인 이름을 적어두기도 했다. 하지만 방금 탁자로 옮긴 이 녀석처럼 여전히 무명의 삶을 살아가는 식물도 있었다. 몇 달 전 미하엘 씨는 이 잎이 없는 '무명이'를 꽃이 핀 대화서각(Stapelia grandiflora, 우각선인장이라고도 함–

옮긴이)과 교환해 데려왔다. 이 덩이뿌리 식물은 나이가 20년쯤 되어 보였고, 가지치기도 자주 해준 듯했다. 지금은 멋지게 싹을 틔워 벨벳처럼 부드럽고 잎맥이 곱게 펴진 잎사귀를 달았으며, 아주 건강해 보였다.

흙을 만지작거리던 미하엘 씨는 손끝에서 딱딱한 촉감을 느꼈다. 흙 속에 파묻혀 있던 이름표에는 필란투스 미라빌리스(Phyllanthus mirabilis)라고 적혀 있었다.

"근사한데."

필란투스 미라빌리스

목질화 줄기: 10㎝

화분 지름: 14㎝

그렇게 중얼거리며 미하엘 씨는 조심스럽게 가지를 움직여보았다. 그러자 일제히 줄기가 흔들거리며 한껏 유쾌한 인상을 전해주었다.

'무명이'는 태국에서 자생하는 바로 그 놀라운 나무였다. 8미터까지 자라는지라 수집가들은 대부분 분재처럼 키운다. 이런 녀석에게는 다른 나무들과는 구분되는 특이한 점이 하나 있다.

미하엘 씨는 미소를 지으며 하던 작업을 이어갔다. 그러면서 그 작은 나무의 놀라운 특징을 관찰할 수 있는 해 질 무렵을 기다렸다. 물 주기에 너무 열중한 나머지 미하엘 씨의 셔츠가 축축하게 얼룩졌다. 이윽고 날이 어두워졌고, 미하엘 씨는 탁자에 자리를 잡고 기분 좋게 담배 한 대를 말았다.

바로 그 순간, 좌우 대칭으로 배열된 잎들이 천천히 위쪽으로 접히면서 정확히 하나로 포개지는 장면이 눈에 들어왔다. 두 장의 잎이 시각적으로 하나의 잎을 이루면서, 흡사 초록빛 나비들이 가지에 앉아 편안한 밤을 보내려는 것처럼 보였다.

아래로 내려와 젖은 옷을 빨래 바구니에 던져 넣은 미하엘 씨의 머릿속에는 벌써 내일 써 보낼 이야기가 떠올랐다.

꿈속에서 미하엘 씨는 필란투스 미라빌리스 위에 앉은 나비들이 다시 날개를 펼쳐 아침 해에게 인사하는 모습을 보았다.

예측할 수 없는 씨앗의 가능성,

불안

철학자 선생님, 저는 아주 잠깐 연극 무대에 섰던 적이 있습니다.

여덟 살이나 아홉 살 때쯤입니다. 학부모회에서 아이들에게 연극 활동을 해보게 하자는 아이디어를 냈습니다. 꼬마들이 우스꽝스럽게 비틀거리며 무대 위를 돌아다니거나 커튼에 발이 걸리는 모습을 보는 게 재미있어서 그랬던 건지도 모르겠군요. 어쨌든 부모님들이 웃으면서 살살 구슬리던 기억이 아직도 생생합니다. 싫다는데도 아랑곳하지 않고 온갖 친절을 베풀며 연극에 참여하도록 했죠. 저는 처음부터 모든 게 못마땅했습니다.

그리고 다음 날 곧바로 첫 번째 낭패를 맛보았습니다. 제 역할은 5라는 숫자였습니다. 모든 아이가 놀라 질색하는 최악의 숫자죠. 일단 숫자 5로 분장해야 했는데, 그 방법이 기발하면서도 단순했습니다. 두꺼운 검정 사인펜으로 숫자 5를 진하게 적은 종이

쪽지를 스웨터에 붙이면 그걸로 끝입니다.

그런데 자꾸만 테이프가 떨어지는 데다가 종이마저 비뚤게 붙인 통에 제 기분은 더욱더 우울해졌습니다. 공연 전 딱 한 번 있는 연습 시간에 대사가 적힌 종이를 받았습니다. 연습 때는 보고 읽었지만 공연 때는 모두 외워야 했죠. 지금 기억나는 것은 그 대사가 운을 맞춘 사행시라는 것뿐입니다. 간단한 시였던 것 같은데 막상 읽으려 하니 글자가 눈에 잘 들어오질 않았습니다.

이윽고 공연 날이 찾아왔습니다. 저는 얼굴에 시뻘건 칠을 한 우스꽝스러운 모습으로 분장하고, 접착용 테이프와 함께 벌써 구깃구깃해진 숫자 5 종이를 받았습니다. 그런데 무대에 막 오르려는 순간 종이가 바닥에 툭 떨어져버렸습니다. 전 종이를 집어 들어 스웨터 앞에 갖다 댄 채 시를 낭독하려고 자리로 이동했습니다. 하지만 이미 머릿속은 백지장처럼 하얗게 변하고 말았습니다. 그렇게 저는 입을 다물고 있었죠. 아주 오래오래.

주변에서 대사를 속삭였습니다. 연극을 총연출한 선생님이 가장 먼저 나섰고, 이어 숫자 4 역할을 맡아 진작에 자기 대사를 훌륭히 마치고 제 대사까지 외운 다른 아이도 거들었습니다. 하지만 제 귀에는 아무 소리도 들리지 않았습니다. 순간 객석에서 한 부인이 모두가 들리게끔 확성기를 들고 큰소리로 시구를 알려주었습니다. 저는 여전히 입을 다물었고요. 달리 무슨 방법이 있겠습니까? 사람들이 이미 수없이 들은 대사를 또 한 번 읊었어야 했을까요? 그럼 더 우스운 꼴이 되었을 겁니다. 차라리 침묵하는 편이 더 나은 선택이었죠.

*

가련한 미하엘 씨.

그 시간이 얼마나 괴로웠을까요? 물론 당신이 들려준 이야기는 애처로우면서도 꽤 익살스러운 면이 있다는 점을 고백하지 않을 수 없습니다. 아마 이제는 당신도 그 사건을 떠올리며 웃을 수 있을 겁니다. 글 속의 반어적 표현들은 아이가 아닌 어른이 된 지금의 입장에서 가능한 것들이죠. 당시만 해도 괴롭고 비참하고 불편한 감정들은 말할 것도 없고, 끔찍하게 두려웠을 겁니다. 이제는 그런 감정에서 벗어나서 다행입니다. 두려움과 수치는 삶의 음울한 동반자이자 일단 퍼지기 시작하면 다시 떨쳐내기 힘든 골치 아픈 녀석들이기 때문입니다.

이 동반자에게 조금 더 구체적인 이름을 붙여주자면, '불안'이 될 것입니다. 불안은 일상에서 혼용하기도 하는 '공포'와는 다른 개념입니다.

그리스어 anxein는 '목 조르기', '교살', '질식'이란 뜻을 가지는데, 동일한 어근이 라틴어의 angor(목 조르기, 압박, 두려움), anxietas(불안), angustia(비좁음), angere(목 조르다, 가슴을 죄다) 같은 단어에도 숨어 있습니다. 영어 anxious(불안한), anxiety(불안, 염려)도 영향을 받았습니다. 독일어에는 대상이 불확실한 막연한 Angst(불안)과 대상이 구체적인 Furcht(공포)라는 두 가지 개념이 있습니다(한국어에서도 공포는 '구체적이고 임박한 위험에 대한 반응'을 뜻하며 불안은 '특정한 대상 없이 막연히 느끼는 불쾌한 정서적 상태'를 의미함-옮긴이). 우리 안에 깊이 뿌리내린 불분명한 불안과 구체적인 공포는 확실히 구분됩니다.

가령 시험 준비를 제대로 못 한 학생은 시험을 앞두고 공포를 느낍니다. 구체적인 이유가 있기 때문이지요. 반면 철저히 준비하고 이제껏 시험을 망친 적이 없는 데다가 재능도 뛰어난 학생이 시험장에 입장하는 순간 갑자기 목이 졸리는 기분에 휩싸인다면, 이는 불안을 느끼는 것입니다. 아마 그 학생은 이 불안이 어디서 오는지도 모를 것입니다.

우리의 이런 이유 없는 불안은 자신에게 맞는 어떤 활동을 찾으려는 본능에 기인한 것으로 보입니다. 고양이를 키우는 사람들은 잘 알 텐데, 고양이는 불안감을 주는 상황을 일부러 만들고, 거기서 도망쳤다가 쫓아가는 장난을 즐깁니다. 그러나 동물에 비해 본능을 거의 상실하다시피 한 인간의 경우, 불안의 원인이 무엇인지 파악하는 힘이 훨씬 떨어집니다. 그렇기 때문에 인간은 불특정한 방식으로 불안해하거나 동물에게서는 볼 수 없는, 추상적이고 매우 일반적인, 자신의 존재에 대한 불안(실존적 불안-옮긴이)을 겪는 특권을 갖게 되었습니다.

고대 세계에는 낯설었던, '세계에 대한 불안(Weltangst)' 현상은 기독교와 함께 비로소 세상에 등장합니다. "너희는 세상에서 두려워하지만 안심하라. 나는 세상을 극복했느니라(《공동번역성서》는 "너희는 세상에서 고난을 당하겠지만 용기를 내어라. 내가 세상을 이겼다"라고 번역했으나 '불안'에 대한 저자의 주장을 이어가기 위해 독일어 원문 그대로 옮김-옮긴이)"라는 〈요한복음서〉의 한 구절을 근거로 중세 학자들은 이런 감정과 기분의 실체를 파악하려는 논의를 활발히 펼쳤습니다. 그중 기독교 신비주의자인 야콥 뵈메는 불안을 일종의 선물이자 삶 자체로 여겼습니다. 불안을 아예 느끼지 않는 사람은 없고, 불안을 깊이 경험할수록 이를 극복할 힘도 커지기 때문입니다. 인간은 불안을 이겨내야 합니다. 그런 의미에서 불안은 자유를 향한 동경이자 갈망이기도 합니다.

이런 생각은 불안과 자유 사이의 변증법에 중점을 둔 키르케고르의 실존철학으로 이어집니다. 《불안의 개념》에서 그는 말합니다.

"불안은 현기증에 비유할 수 있다. 입을 벌린 심연을 내려다보면 현기증이 난다. 그 이유는 무엇일까? 심연 못지않게 그의 눈에도 원인이 있다. 아래를 응시하지 않았다면 그럴 일이 없기 때문이다. 그러므로 불안은 (…) 자유가 자신의 가능성을 내려다볼 때 일어나는 현기증이다. (…) 이 현기증 속에서 자유는 힘없이 주저앉는다."

불안은 모든 면에서 신뢰하기 힘든 형편없는 조언자입니다. 게다가 철학보다는 오히려 종교, 나아가 심리학의 범주에 훨씬 어울리는 현상이기도 합니다. 불안 장애야말로 우리 시대에 가장 빠르게 퍼지고 있는 마음의 병이죠. 그런 점에서 일찍이, 1844년에 처음으로 불안이란 개념을 다룬 저작을 내놓은 키르케고르 같은 철학자가 있었다는 사실이 놀랍기만 합니다.

해온 일들이 하나씩 결실을 맺고, 능력과 인성을 인정해주는 사람들이 늘어가면서 미하엘 씨는 점차 불안에서 벗어났다. 젊은 시절에는 남들 앞에서 발표하거나 이성을 만날 때처럼 새로운 도전에 직면할 때마다 늘 움츠러들곤 했다. 당시만 해도 제대로 기회를 잡기가 어려웠고 직접 세상과 만나는 길이 닫혀 있었다. 할 일을 그냥 하기보다는 뭘 해야 할지 너무 많이 생각했기 때문이다. 연극 사건이 끝난 뒤에 미하엘 씨는 자신에게 화가 났고 수치심마저 들었다. 물론 이제는 다 지난 일이고 마음속에서도 정리가 된 지 오래다. 하지만 당시 느꼈던 불안감만은 결코 잊을 수 없었다.

그 순간 나직하면서도 분명한 픽 소리가 들려왔다. 익히 잘 아는 그 소리가 들리자마자 입가에 웃음이 번졌다. 독일에서 '토해내는 야자나무'라고도 불리는 유포르비아 류코네우라(Euphorbia leuconeura)가 씨앗을 뱉는 소리였다. 미하엘 씨가 키우는 식물들은 대개 조용하다. 뭔가를 비벼대는 것 같은 소리는 가끔 들리지만 요란할 정도는 아니다. 하지만 이 식물만은 예외다. 진짜 야자나무는 아니고, '포인세티아'와 같은 부류인 유포르비아과에 속한 독성 식물이다. 야자나무를 연상시키는 녀석의 줄기 위로는 코르크 같은 암술머리가, 표면에는 딱딱한 솔 모양 털이 달려 있으며,

그 끝에서 잎사귀들이 뽐내듯 위로 뻗어 있다.

미하엘 씨가 녀석을 탁자에 올려놓자마자 씨앗 하나가 날아와 귓전을 스쳤고, 그는 반사적으로 몸을 수그렸다. 유포르비아 류코네우라는 자가수정 식물이다. 다시 말해 수정하려고 가루받이할 필요가 없다. 모든 씨앗이 싹트는 능력을 품고 있어 기름진 토양을 만나면 새 생명으로 자랄 수 있다. 미하엘 씨가 재본 바로는 어미나무로부터 6미터나 튀어나간 녀석도 있었다. 그렇게 자란 어린 식물을 어딘가의 화분에서 발견할 때마다 조심스럽게 파내 영양분이 풍부한 흙으로 옮겨 심었다. 그럴 때면 마치 작은 선물이라도 받은 듯한 기분이었다. 키우다가 다른 식물과 교환할 수도 있다. 아무튼 후손 걱정을 할 일은 없다.

문제는 긴꼬리가루깍지벌레다. 열대식물의 새싹이나 작고 끈적끈적한 꽃 주변처럼 즙이 많은 곳에서 발견되는 놈이다. 제때 처리하지 않으면 식물이 기력을 잃고 말라 죽을 때까지 즙을 빨아 먹는다.

깍지벌레가 끼친 피해 때문에 귀중한 식물을 잃은 적이 한두 차례가 아니었다. 미하엘 씨가 이 성가신 녀석을 박멸하고자 얼마나 애를 썼던가! 처음에는 유화액을 뿌려 숨구멍을 막을 생각이었다. 하지만 이 방법은 벌레에게 별 타격을 주지 못할뿐더러 식물도 오래 못 견딘다. 녀석들은 철마다 최대 여덟 차례에 걸쳐 수천 마리씩 새끼들을 낳는다. 눈에 잘 띄지 않는 곳에 거미줄 같은 털로 덮인 둥지를 짓고 새끼들을 감춰둔다. 그래서 미하엘 씨는 이 벌레가 영리하고 꾀가 많다는 인상을 받았다. 결국 미하엘 씨는 그 많은 식물의 잎 뒤쪽까지 일일이 살펴봐야 했다. 쉽지는 않았다. 고약한 경우는 벌레들이 땅속으로 쑥 들어가 뿌리를 갉아 먹는다.

급기야는 에탄올에 소금을 섞어 붓으로 발라보기도 했다. 식물에 큰 부작용은 없었지만 숨바꼭질에 능한 벌레에게는 별 효과가 없었다. 다음번에는 놈들을 잡아먹는 익충으로 실험에 나섰다. 풀잠자리 알이 든 작은 봉지를 구해왔는데, 거기서 부화한 풀잠자리들이 몇 달간 집 안을 휘젓고 다니는 바람에 깍지벌레만 아니라 미하엘 씨까지 두려움에 떨어야 했다. 이 방법도 성과가 없기는 마찬가지였다.

어느 날 미하엘 씨가 에디스콜레아 그란디스와 거대한 의제옥(Pseudolithos migiurtinus)마저 눈물을 머금고 쓰레기통에 버려야 했다고 고백하자 동정심을 느낀 한 친절한 정원사가 비법 하나를 알려줘 결국 벌레 문제를 금방 해결할 수 있었다.

그러나 깍지벌레를 완전히 없애는 데 성공하지는 못했다. 녀석들은 여간 약은 게 아니었다. 한층 강해진 저항력으로 재무장한 벌레들은 적은 개체 수를 유지한 채 여전히 숨어 있었다. 다만 더는 심각한 피해를 주지 않았다. 그래서인지 어쩌다 미하엘 씨가 삶을 돌아보다가 울컥한 기분이 들어 다정다감한 사람으로 변하는 날에는 그 벌레들에게까지 연민의 정을 느꼈다. 돋보기를 들고 녀석들을 잘 관찰하면 거기에 순진무구한 작은 생명체가 있었다. 그러면 미하엘 씨는 그간의 노여움을 잊고 분홍빛 피부와 아름다운 하얀 털로 뒤덮인 그 앙증맞은 녀석들을 더욱더 사랑스럽게 보곤 했다.

홀로 또는 함께 피는,
공동체

철학자 선생님, 아직도 그날이 생생합니다.

김나지움(인문계 중·고등학교–옮긴이) 2학년 때였던 것 같은데, 이른 아침에 갑자기 교장 선생님이 수업 중인 교실에 들어와 원하는 학생은 지금 예배당에 가서 '세족 의식'에 참석할 수 있다고 전했습니다. 수수께끼 같은 그 말에 제 호기심은 한껏 커졌죠. 더는 자세한 설명이 없었기에 반 아이들은 별 흥미를 느끼지 못했고, 저와 몇몇 아이들만 교장 선생님을 뒤따랐습니다.

교장 선생님은 우리에게 서두르라고 하면서 평소에는 학생들 접근이 금지된, 수도원 안으로 들어가는 지름길로 이끌었습니다. 수도사들만 드나드는 커다란 여닫이문에 전부터 매료되어 있던 저는 가슴이 쿵쿵 뛰었죠. 학교가 조용해지는 오후 무렵, 살짝 열려 있는 그 문을 자주 바라보곤 했습니다. 보통은 방문이 여러 개인 빈 복도만 보였습니다. 그러다 한 번은 두 신부님이 양손을 모은 채 절도 있는 발걸음으로 이리저리 오가는 광경을 목격한 적이 있었습니다. 한 분이 저를 발견하고는 웃음을 지어 보인 뒤 다시 걸음을 이어갔는데, 그 모습이 제게 큰 감명을 주었습니다.

수도원에 들어선 우리는 조용히 하라는 신호와 함께 맨 끝자리로 안내되었습니다. 몹시 어두웠던 탓에 처음에는 아무것도 보이지 않았습니다. 이윽고 제단 쪽에서 촛불 하나가 켜지더니 그 수가 점점 늘어났습니다. 그 놀라운 광경은 곧장 저를 사로잡았습니다. 지금 떠올려보니 전체 모습이 마치 한 폭의 렘브란트 그림 같군요.

제단을 따라 빈 의자들이 빈틈없이 죽 늘어서 있었고, 종소리가 울리자 오른쪽 앞문으로 여태 본 적이 없을 만큼 많은 수도사들이 입장했습니다. 다들 맨발에 하얀 망토를 둘렀죠. 그들이 다 함께 노래하며 자리에 앉자 똑같은 문을 통해 역시 흰 옷차림의 노인 한 명이 들어왔습니다. 그는 수도사들에게 알아듣기 힘든 말을 건넨 다음에 무릎을 꿇고 한 사람씩 차례차례 발을 씻겨주기 시작했습니다. 연로한 탓에 발 씻기를 마치기까지는 아주 오랜 시간이 걸렸죠. 나중에 알고 보니 그분은 수도원장이었습니다.

그 노인 곁에는 물을 갖다주고 일어났다가 무릎을 꿇을 때 넘어지지 않도록 부축하는 사람도 있었습니다. 자꾸 넘어지려고 할 때마다 주변 사람들이 노인을 돕고자 나섰지만, 그는 괜찮다고 손짓하며 마지막 수도사의 발까지 모두 씻겼습니다. 정말이지 대단히 감동적인 장면이었습니다.

그날 일은 살면서 두고두고 생각할 거리를 던져주었습니다.

*

친애하는 미하엘 씨.

여러 감정이 겹쳐 있는 각별한 기억을 들려주셔서 감사합니다. 그날은 아마도 세족목요일('성목요일'이라고도 함-옮긴이)이었던 것 같습니다. 전해오는 이야기에 따르면 이날 예수는 겸손의 표시로 제자들의 발을 씻겨주었고 이에 모두가 깜짝 놀랐다고 합니다. 특히 훗날 초대 교황이 되는 제자 베드로의 곤혹감이 컸습니다. 스승은 대체 왜 그랬을까? 당신이 그랬듯 베드로도 이해하지 못했습니다. 마지막 만찬이 끝날 무렵에야 예수는 그 행동이 뜻하는 바를 제자들에게 설명합니다. 〈요한복음서〉에 의하면 그 의미는 "나는 너희에게 새 계명을 주겠다. 서로 사랑하여라. 내가 너희를 사랑한 것처럼 너희도 서로 사랑하여라"라고 합니다.

수도사 생활에 매료된 한 아이가 아무런 준비 없이 '공동체'의 의미와 관련된 가장 인상적인 의식과 맞닥뜨렸습니다. 거기에 오래된 건물과 어두운 조명, 촛불까지 등장합니다. 기력이 다한 늙은 수도원장이 모습을 드러내며 극적 분위기는 최고조로 치닫습니다. 노인은 쇠약한 몸을 이끌며 예수의 모범을 따랐습니다. 형제들에게 사랑을 베푸는 의식에서 분투했고 결국 승리했습니다. 이보다 더 훌륭한 연출도 없을 것입니다. 당시 교장 선생님이 학생들을 급히 불러 모아 어두운 예배당에 앉혔던 것도 충분히 이해가 가는 일입니다. 이 모든 일은 빛과 함께 시작되고, 그 빛을 통해 메시지가 전달됩니다.

그 메시지는 다름 아닌 '어떻게 공동체가 함께 살아가야 하는지'에 대한 기독교적인 대답입니다. 철학도 처음부터 이 질문을 던졌습니다. 첫 번째 대답을 들려준 이는 역시 소크라테스였습니다. 《고르기아스》에서 그는 말합니다.

"현자들이 말하길, 연대와 우애, 질서, 절제, 정의가 하늘과 땅, 신들과 인간들을 결속시킨다."

주목할 만한 점은 예수가 등장하기 수백 년 전에 이미 사랑, 여기서는 우정과 우애를 의미하는 '필리아'가 공동체의 필수 요소로 여겨졌다는 것입니다. 나중에 수많은 교회의 학자들이 소크라테스를 자기 편이라 여긴 것도 놀라운 일이 아닙니다.

'무엇이 공동체를 하나로 묶고, 그곳을 친절하고 살 만한 장소로 만드는가?'는 철학의 근본적인 물음 중 하나입니다. 좋은 삶을 바라는 사람은 자기와 같은 사람들로 이루어진 공동체를 필요로 합니다. 야생 늑대 밑에서 자란 어린이처럼 그런 공동체를 겪지 못하면 나중에 사람다운 성품을 갖추기 어렵습니다.

아리스토텔레스의 유명한 정의에 따르면 인간은 '정치적 동물(Zoon politikon)'입니다. 당시의 독립적인 공동체 '폴리스(polis)'를 이루며 살아가는 존재라는 의미로, 다시 말해 인간은 무리 지어 생활하는 동물에 속한다는 것입니다. 아리스토텔레스의 《동물지》에 따르면, 인간은 꿀벌, 말벌, 개미, 두루미처럼 공동생활을 하며 공동의 성과를 거둔다는 점에서 다른 동물들과 구분됩니다. 이 점에서 이미 '정치적'으로 평가할 수 있습니다. 게다가 인간만이 단순한 삶에 만족하는 대신 행복하고 성공적인 삶을 추구합니다. 이를 위해 각각의 혈족은 처음에는 촌락을, 나중에는 폴리스를 형성합니다. 폴리스란 주변에 촌락을 거느린 도시 같은 자치 공동체를 말합니다. 폴리스를 벗어나면 인간은 '야생동물'로 변하거나 '전쟁을 밝히게' 된다고 《정치학》에서 밝히고 있습니다.

시민을 수탈하는 형태로 변한 아테네식 민주주의가 결국 폐지된, 초기 헬레니즘 시대에 살았던 아리스토텔레스는 중산계층이 발달하고 민주정치와 귀족정치가 혼합된 체제야말로 최선의 통치 형태라는 결론에 다다릅니다. 그는 《정치학》에서 그 이유를 다음과 같이 설명합니다.

"이 경우 저명인사와 대중 모두가 그들이 원하는 바를 얻을 수 있을 것이다. 모두가 관직을 맡을 권리를 가진다는 것은 민주정치의 원리인 반면, 저명인사가 관직을 차지한다는 것은 귀족정치의 원칙이기 때문이다. 누구도 관직을 이용해 이득을 얻기 힘들

때 이 두 정치 체제가 결합할 수 있다. 아무런 이득이 없다면 가난한 자들은 관직을 맡기보다 자기 일을 돌보려 할 것이고, 공금에 의존할 필요가 없는 부자들이 관직을 맡을 수 있기 때문이다. 그리하여 빈자들은 자기 일을 돌봄으로써 부자가 되고, 저명인사들은 어쩌다 관직을 맡은 자들의 지배를 받지 않게 될 것이다."

무엇이 공동체를 지속해서 하나로 묶어주는가에 관한 질문은 로마공화정에서도 제기되었습니다. 그 대답은 삶의 세세한 영역까지 규정하며 모든 시민이 그로부터 이득을 얻는 치밀한 법률제도였죠. 게다가 스토아철학은 훗날 기독교와 아주 유사한 관점을 제시했습니다. 키케로는 《의무론》을 통해 "인간은 인간을 위해 난 것"이라면서 '인간은 서로에게 도움이 되기 위해 창조되었기에 우리는 공동선(공공의 이익)을 중심에 놓고 각자의 기술과 노력과 재능으로 사람들을 서로 이어주는 통합의 끈을 엮어가야 할 의무가 있다'라고 정리합니다.

미하엘 씨, 당신이 목격한 세족식, 즉 예수가 처형당하기 전날 밤 제자들에게 보여주었던 그 기독교 공동체의 감동적인 이상은 실제로 이 세상을 변화시켰습니다. 하지만 이처럼 '통합의 끈'을 엮어가고, 일을 나눔으로써 공동선을 이룰 수 있었던 이유는 언제나 인간이 가진 '능력, 노력, 재능' 덕분이었습니다. 이 자리에서 18세기와 19세기에 등장한 정치 이론들을 따로 언급하지 않겠습니다. 그 대부분이 20세기에 가장 잔혹하고 끔찍한 집단 학살을 초래하고 그를 정당화하는 이데올로기 역할을 했습니다. 우리가 목격했지요. 그럼에도 불구하고 지금 우리가 사는 이 세계에서 공동선이, 적어도 공공 재원의 분배라는 점에서는 역사상 최고 수준에 이르렀다는 사실은 부인하기 힘듭니다. 물론 그것이 실제로 공동체의 행복에 기여하는지는 여전히 물음표로 남습니다. 그에 대한 답은 미래가 말해줄 것입니다.

오늘날 바람직한 공동체에 대한 철학적 논의를 펼칠 때면 흔히 '사회(독일어로 Gesellschaft−옮긴이)'라는 용어를 사용하곤 합니다. 그런데 독일 사회학자 페르디난트 퇴니에스에 의해 알려진 이 개념은 원래 '이익사회'를 뜻하는 단어였습니다. 퇴니에스는 《공동사회와 이익사회》에서 "공동사회(Gemeinschaft)는 지속적이고 참된 공동생활"을 뜻하는 반면, "이익사회(Gesellschaft)는 일시적이고 표면적인 공동생활"을 가리킨다고 말합니다. 내용으로나 명칭으로나 "공동사회는 오래전부터 있었고, 이익사회는 새롭게 등장한 것"이라고 했습니다.

빈 출신의 철학자 프리드리히 아우구스트 폰 하이에크는 퇴니에스의 이론을 바탕으로 한발 더 나아가 '가치'와 '목표'를 구분합니다. '가치'는 문화적 전통에서 유래하며 한 사람의 행동을 평생 이끌어주지만, '목표'는 특정 순간에만 인간의 행동을 규정하는 것이라고 합니다. 또 하이에크의 《프라이부르크 연구논문집》에 실린 주장에 따르면, 개방적이고 자유로운 사회는 각 구성원이 공동 가치를 공유한다는 점에 기반하지만 "구성원들을 특정한 목표로 유도하고 명령하는 의지가 하나 있어야 한다고 주장한다면" 그때부터 자유의 가능성은 사라집니다.

다시 수도사 이야기로 돌아가봅시다. 대개 수도사들이 부자유한 삶을 산다고들 하지만 그들이 수도원 공동체의 삶을 자유롭게 선택했다는 사실을 기억해야 합니다. 그들은 더 나은 삶이라 여기는 것을 위해 스스로 개인의 자유를 포기했습니다. 그들이 따르는 가치들은 수천 년 동안 '지속적이고 참된 공동생활'을 가능케 해왔죠. 또 수도원을 나가고 싶은 사람은 얼마든지 그럴 수 있습니다.

반면 정글 같은 바깥세상에서 살고 있는 우리는 사회적 목표가 수시로 바뀌는 현실에 노출되어 있습니다. 그 '일시적이고 표면적인' 목표는 어쩌다 한 번씩 투표함에 넣는 투표용지에 숫자 이상의 의미가 부여되는 때를 제외한다면 우리가 직접 선택한 것도 아닙니다. 게다가 수도원과 달리 사회를 떠날 수도 없습니다. 사회는 국경과 상관없이, 거의 변함없이 계속 존재하기 때문입니다. 그렇게 보자면 당신이 어릴 때 목격한 수도사들은 오늘날의 우리보다 더 많은 자유를 누리는 사람들이었습니다.

❦

미하엘 씨도 한때 수도사로서의 자유를 갈망한 적이 있었다. 물론 그의 동기는 종교인들과 전혀 달랐다. 20대 초반, 여자친구가 떠난 뒤 미하엘 씨는 몇 달간 깊은 우울증에 빠졌다. 수도원 안내 책자를 읽으며 수도사가 될 생각을 진지하게 품었다. 그러다 한 지혜로운 노신부에게 그런 고민을 털어놓았는데, 청년의 본심을 알아챈 신부는 위로의 말과 함께 앞날의 행운을 빌어주며 미하엘 씨를 집으로 돌려보냈다. 마지막으로 미하엘 씨를 구해준 것은 다름 아닌 이웃집 여인의 충고였다. 여인은 "세상에 여자는 많다"며 지난 일에 너무 매달리지 말라고 했다.

그러고서 몇 년 뒤, 미하엘 씨는 미래의 아내를 만났다. 워낙 소중한 만남이었던 터라 조심스럽게 사랑을 키워갔다. 함께하는 시간은 너무 빨리 지나갔고 단 한 순간도 권태를 느낄 틈이 없었다. 사랑으로 맺어진 삶의 공동체가 수년간 흔들림 없이 지속되었고, 미하엘 씨 자신도 믿기지 않을 만큼 진지하고 신뢰가 깊은 관계로 발전해갔다. 그렇게 이 여인과 함께 나이 들어간다면 얼마나 좋을까 하는 생각만으로도 행복에 겨웠던 어느 날 밤, 아내가 불의의 사고를 당하면서 한순간에 모든 게 물거품이 되고 말았다. 도저히 인정하고 싶지 않은 현실이었다. 미하엘 씨는 그때부터는 오로지 일에만 매달렸다. 일은 차츰차츰 고통을 잊게 하고 경제적 여유를 주었다.

동료들과 이룬 소프트웨어 개발 공동체는 함께 일하면서 이익을 추구하는 공동체였고, 미하엘 씨는 일체의 감정을 배제한 채 객관적이고 정확한 시선으로 그들을 대했다. 솔직히 말하면 미하엘 씨는 운이 좋았다. 당시만 해도 그 분야는 경쟁자가 많지 않았다. 거기다 미하엘 씨는 잠재적 고객을 끌어들여 짭짤한 계약을 따내는 수완도 훌륭했다. 그렇게 해서 직원을 쓸 여유가 생겼고, 그들에게 넉넉한 보수를 지급할 수 있게 되었다.

하지만 나이를 먹어가면서 권태감을 느끼고 위태로운 순간을 맞이할 때면 미하엘 씨는 디지털 화면에서 벗어나 더 나은 다른 세상으로 뛰어들고팠다. '컴퓨터로 뭔가 만들어내고 싶다'는 꿈은 실현한 지 오래라 이제 야망 따위도 사라지고 없었다. 그런 것은 젊은 세대의 몫으로 넘겼다. 그뿐만 아니라 디지털화에 따른 위험도 처음으로 인식했다. 20년 전과 달리 미래가 더는 장밋빛으로 보이지 않았다. 미하엘 씨는 이런 울적한 기분에서 벗어나고자 일주일 정도 멀리 떠나곤 했다.

미하엘 씨는 자신이 찾던 다른 세상을 런던, 취리히, 하이델베르크, 케이프타운, 킬, 함부르크, 빈 같은 곳에서 발견했다. 그의 관심을 끈 것은 그 도시 자체라기보다 도시에 있는 식물원이었다. 식물원에 둥지를 틀다시피 한 미하엘 씨는 매일같이 그곳을 둘러보며 경탄을 금치 못했다. 어디서 이런 관심이 솟아났는지는 자신도 알지 못했다. 새로운 열망에 굴복한 미하엘 씨는 식물들을 찾아 전 세계를 돌아다녔다. 그러면서 자신이 하는 여행이 사실은 순례 여행이라는 것을, 자신의 신앙심이 더 이상 컴퓨터가 아닌 꽃의 여신 플로라를 향하게 되었음을 점점 깨달았다.

신성한 유리온실 속에서 미하엘 씨는 지금까지 꿈에도 생각지 못했던 아름다움을 발견했다. 그 기적 같은 광경에 감동한 나머지 이를 설명할 최적의 알고리즘을 찾으려는 생각 따위는 감히 하지 못했다. 모니터에 시달려온 눈은 다채로운 현상들 앞에서 전혀 싫증을 느끼지 않았다. 덕분에 미하엘 씨는 밤이 되면 흡족한 기분으로 숙면을 취할 수 있었다. 영국 큐 왕립식물원에서 남아프리카 케이프타운의 커스텐보쉬 식물원에 이르기까지, 유명 식물 컬렉션들을 찾아간 미하엘 씨는 자신이 좋아하는 식물들의 이름을 알게 되었고, 정원사들과 이야기를 나누며 처음으로 뜻이 맞는 사람들과 함께 있다는 기분을 느꼈다. 이런 분위기 속에서 미하엘 씨는 비로소 '공동체'란 것을 경험할 수 있었다. 사업체를 매각한 미하엘 씨에게 남은 것은 그것이 전부였다. 하지만 더 이상 바랄 것이 없었다.

심부름해주는 대학생이 이른 아침 문 앞에 두고 간 식료품 중

에는 고구마도 두 개 있었다. 고구마를 넣으면 수프 맛이 더 좋아지겠다고 생각해서 요청했는데, 막상 고구마에 칼을 갖다 대는 순간 마음이 아팠다.

'이 순간에도 얼마나 많은 고구마 껍질이 벗겨지고 있을까! 얼마나 많은 고구마가 잔인하게 토막 나고, 삶기고, 심지어 끓는 기름 속에 던져지고 있을까! 녀석들 하나하나에 흙과 햇빛과 물을 선사하면 하트 모양 잎사귀와 연분홍빛 꽃이 달린 덩굴이 수 미터 길이로 뻗어나갈 텐데.'

베이컨 한 조각을 큼직하게 잘라낸 미하엘 씨는 감자 몇 개를 집어 호주머니에 쑤셔 넣고 식물방으로 올라갔다. 식물들이 반짝이는 햇빛에 푹 잠겨 있었다. 녀석들에게는 안성맞춤인 환경이었다. 태양 에너지야말로 생존의 필수 요소다. 다만 여름에는 가끔 햇빛을 가려줄 필요가 있다. 온실 속 온도가 계속 오르면 위험하다. 사막에서 자라는 식물조차 45도가 넘는 기온은 견디기 힘들다.

미하엘 씨는 군생으로 자라는 아프리카 다육식물 중에서도 가장 더운 지역에서 자라는 녀석들을 따로 모아 그늘이 지지 않는 탁자 위에 놓았다. 수천 년에 걸쳐 주변 암석에 완벽히 적응한 이 녀석들은 내리쬐는 강한 햇빛을 피하려고 대개 흙 속에 틀어박혀 있거나 틈새에 숨는다. 그중에는 염소의 접근을 막고자 강한 독성 알칼로이드를 형성하는 것도 있다.

남아프리카 북부에 서식하는 코노피툼 빌로붐(Conophytum

bilobum)은 어느새 활짝 꽃이 피었다. 반짝이는 밝은 노란빛 꽃잎과 연한 붉은색 꽃술의 매력적인 모습을 보며 미하엘 씨는 아주 흡족했다. 미하엘 씨는 햇빛 속에서 거울처럼 매끄럽고 탄탄한 자태를 뽐내는 작은 청록색 몸통을 조심스럽게 만져보았다.

헤레로아 테레티폴리아(Hereroa teretifolia)는 현재 휴면기인 만큼 햇빛을 받아 시들지 않도록 그늘진 곳에 놓아두었다. 지금은 물 주기도 삼가야 한다. 지난겨울, 단 하룻밤만 피는 녀석의 흰 꽃이 강렬한 향기를 내뿜는다는 글을 읽은 미하엘 씨는 추운 다락방에서 밤을 새우다시피 하다가 코감기에 걸리고 말았다. 잊을 수 없는 경험과 향이었다.

글로티필룸 데프레숨(Glottiphyllum depressum)도 겨울에 자라는 다육식물이라 원래는 지금이 휴면기다. 하지만 거름을 너무 많이 준 탓이었을까. 어느새 민들레처럼 보드랍고 큼직한 샛노란 꽃이

코노피툼 빌로붐

식물 높이: 3㎝

피었다. 통통한 연두색 잎끝은 위쪽으로 굽어 있다. 자생지에서는 수분을 조절하는, 일종의 개폐 시스템이 달린 포자낭을 형성하지만, 미하엘 씨의 다락방에서는 그런 포자낭을 발견하기가 쉽지 않았다.

특별히 꼽을 만한 아이는 마옥(Lapidaria margaretae)이다. 녀석은 하나의 속에 하나의 종밖에 없는 단형종이다. 미하엘 씨와 만난 지 벌써 오래되었는데, 늘 건강해 보이지만 꽃을 피운 적은 한 번도 없다. 초록빛이 살짝 도는 강청색 어린 식물은 기상 상태와 흙의 광물 성분에 따라 노란빛이나 붉은빛으로 자란다.

미하엘 씨에게 남다른 기쁨을 선사한 녀석이 또 있으니. 바로 제옥(Pleiospilos nelii)이다. 진화 과정에서 매끈한 돌 모양을 갖추게 된 녀석은 화강암 빛깔을 띠는데, 다 자라면 크기도 제법 커진다. 뾰족한 보퍼트 편암 조각들 사이에서 자라는 탓에 발견이 쉽

글로티필룸 데프레숨

화분 지름: 10㎝

지 않은데다, 녀석을 먹으려고 달려드는 염소들은 돌에 찔려 주둥이에 피를 흘리기 일쑤다. 그곳 원주민들은 제옥을 환각제로 애용한다. 그러나 그 무엇보다 놀라운 점은 미하엘 씨가 두 눈으로 확인했듯이, 이 놀라운 생명체가 꽃봉오리를 맺었다는 사실이다. 며칠만 있으면 꽃이 활짝 핀 모습을 직접 감상할 수 있으리라.

제옥

식물 높이: 5㎝

눈과 비를 견디는 힘,
유머

철학자 선생님께.

제가 열 살일 무렵 세상을 떠난 할아버지는 살아계셨을 때부터 이미 전설적인 인물이었습니다. 두 차례 세계대전에서 무사히 살아남으신 데다가 뛰어난 복원가, 도금사, 각자 장인이었고, 무엇보다 대단한 장난꾼이었습니다. 그런 할아버지의 장례식 때는 수많은 추도객이 몰려와 여기저기 무리 지어 공동묘지 안에서 열심히 이야기하는 모습을 볼 수 있었죠.

저도 그중 한 무리에 끼어 있었는데, 할아버지와 가장 친했던 분이 어린 시절 일화를 들려주자 모두 한바탕 웃음을 터뜨렸습니다. 마치 코미디 영화 속 이야기가 현실에서 벌어진 것 같았습니다. 의무감이 남다르면서도 행동은 어설픈, 그러면서도 마음씨 좋은 경찰관과 그를 못살게 굴던 몇몇 못된 아이들이 등장인물인 영화였죠.

그 아이 중 하나가 바로 학교에서 가장 달리기를 잘했던 우리 할아버지입니다. 문제의 사건은 아이들이 경찰차 바퀴의 바람을 빼면서 시작되었습니다. 한 번은 앞바퀴를, 또 한 번은 뒷바퀴를 뺐죠. 그리고 안전한 장소에 숨어 경찰관이 땀을 뻘뻘 흘리며 펌프로 바람을 넣고 악담을 쏟아내는 광경을 몰래 지켜보았답니다. 그다음에는 할아버지의 장기가 유감없이 발휘되었죠. 벚나무 꼭대기에 몸을 숨긴 할아버지가 그 불쌍한 경찰관의 모자를 철사 갈고리로 낚아채는 데 성공한 것입니다. 그러자 경찰관은 높다란 나뭇가지에 걸린 모자를 빼내고자 나무 사다리를 끌고 왔고, 아이들은 킥킥대며 그 장면을 구경했습니다.

경찰관 책상 밑에 올로모우츠 치즈(올로모우츠 특산품으로 강한 향이 나는 연질 치즈–옮긴이)를 못으로 박아놓은 것도 할아버지의 기발한 발상이었습니다. 치즈에서 점점 지독한 냄새가 풍겨오자 경찰관은 급기야 방제업자까지 불렀고, 악취의 원인이 밝혀지기까지 며칠을 더 기다려야 했죠. 이런 짓궂은 장난이 벌어질 때마다 경찰관은 할아버지를 주목했지만 끝내 붙잡지는 못했습니다. 산토끼만큼이나 날쌨던 할아버지는 동에 번쩍 서에 번쩍하며 열린 지하실 문 뒤로, 땅굴 속으로 사라졌습니다.

한번은 개울가에서 추격전을 펼친 적도 있었다는군요. 경찰관이 발뒤꿈치까지 쫓아오자 할아버지는 물속에 몸을 던졌고 잎이 무성한 버드나무 가지가 축 늘어져 물에 잠긴 곳까지 잠수했습니다. 그리고 그 속에 몸을 숨긴 할아버지는 자신의 이름을 소리쳐 부르며 막대기로 개울물을 들쑤시던 경찰관이 할아버지가 물에 빠져 죽은 줄 알고 낙담해 혼자 중얼거리는 광경까지 모조리 지켜보았습니다.

불쌍한 경찰관은 훌쩍거리며 죄책감에 휩싸여 제 증조할아버지를 찾아왔습니다. 하지만 증조할아버지는 경찰관이 하는 이야기를 믿을 수 없었습니다. 아들은 벌써 집에 와 있었으니까요! 아들의 바지에서 물이 뚝뚝 떨어지는 모습을 본 증조할아버지는 경찰관이 보는 앞에서 한바탕 매타작을 시작했습니다. 경찰관은 아이가 살아 있다는 사실에 가슴을 쓸어내렸습니다. 이윽고 애처롭게 비명을 질러대는 아이를 본 경찰관은 계속 눈물을 흘리면서 그만두라고 증조할아버지에게 간청했다고 합니다.

그런 할아버지의 장례식이 시작되었습니다. 할아버지가 직접 멋진 금박을 입혔던 그리스도 십자상 밑에 지금은 할아버지가 고인이 되어 누워 있다는 점이 주임신부의 설교에서 언급되자 저를 포함한 수많은 추도객이 훌쩍거렸습니다. 하지만 한 노인이 추도사를 위해 계단을 오르는 순간, 장례식장 분위기가 돌변했습니다. 지금도 생생히 기억나는데, 곳곳에서 터져 나온 사람들의 웃음소리가 멈출 줄 몰랐고, 심지어 우리 어머니도 예외가 아니었습니다.

당시만 해도 저는 영문을 몰랐습니다. 노인의 추도사 가운데 우스운 대목은 전혀 없거든요. 훗날 전해 들은 이야기인데, 할아버지는 모임에서 흥이 오르면 자신의 추도사를 읊는 버릇이 있었답니다. 그러면서 당시 그 지역에서 추도사를 도맡았던 한 남자를 흉내 냈는데, 웅얼거리는 말투며 단어 선택, 표정 같은 그의 특이한 버릇을 모르는 이가 없을 정도로 유명한 사람이었다고 합니다. 생전에 할아버지가 그 사람의 말투며 표정까지 똑같이 따라 했던 탓에 장례식 참석자들에게는 그 광경이 아주 재미있게 느껴졌을 겁니다. 할아버지가 흉내 냈던 그 남자가 바로 할아버지를 위한 추도사를 낭독했기 때문이죠.

친애하는 미하엘 씨.

할아버님의 마지막 선물이나 다름없었던, 장례식장의 그 짓궂은 장난은 정말이지 놀랍기만 합니다. 어쩌면 사후에 선보이려고 미리 계획했던 장난이었을지도 모릅니다. 장난치고는 보기 드문 유형인데, 문학 이론에서는 '극적 아이러니'라고 불립니다. 극중 인물은 모르는 사실을 관객은 아는 데서 비롯되는 아이러니로, 피카레스크식(악당인 주인공의 행동과 범행을 중심으로 유머가 있는 사건이 연속되는 이야기 구성-옮긴이) 작품이나 익살극에서 즐겨

쓰는 기법입니다. 그 추도 연설자는 할아버님이 익살스럽게 추도문을 읊었던 현장에 없었던 모양입니다. 그래서 대다수 청중보다 불리한 입장이었고, 사실상 할아버님 손바닥 위에 서 있었던 셈입니다. 우스운 효과의 비결은 거기에 있습니다.

일반적으로 말하면, 유머는 두 사건이 이성적으로는 연결될 수 없는 상황, 즉 연관이 없는 두 가지 일이 동시에 일어나거나 서로 모순되는 역설적 상황에서 발생합니다. 머리로는 이해할 수 없는 이 어처구니없는 상황을 우리는 웃음을 통해 쉽게 견뎌냅니다. 이것이 키르케고르가 말한 "시적 가능성"입니다. 유머는 가혹한 현실에서 부딪치는 삶의 부조리함을 긴장을 푼 채 즐길 수 있는 것으로 승화시킵니다. 이런 점에서 웃음에는 우리 어깨에 올려진 짐을 덜어주는 효과가 있죠. 고되고 심각하며 막막한 상황에서 특히 그렇습니다. 유머 덕에 우리는 합리적인 답이 보이지 않는 상황과 거리를 둘 수 있습니다. 그러면 도움이 절실한 난관에 부딪히거나 위기에 빠졌어도 마음을 좀 더 편하게 먹을 수 있답니다.

유머는 대체로 성격이나 기질의 문제로 여겨집니다. 하지만 유머(humor)의 어원을 거슬러 오르면 라틴어 (h)umor(습기, 액체)를 만나는데, 이것만으로는 현재 우리가 쓰는 유머의 뜻과 잘 연결되지 않습니다. 중세 시대가 되면서 사정이 달라집니다. 고대 그리스어로 '체액'을 뜻하는 chymos를 umor로 번역하면서 히포크라테스의 '사체액설'을 설명하는 의학 용어로 자리 잡습니다.

사체액설은 우리 몸의 건강이 혈액, 점액, 황담즙, 흑담즙에 의해 좌우된다는 설입니다. 히포크라테스에 따르면 체액의 균형이 맞을 때 가장 건강하고 균형이 깨지면 병이 생깁니다. 아울러 네 가지 체액 중 어떤 것이 우위를 오래 차지하느냐에 따라 다혈질(혈액), 점액질(점액), 담즙질(황담즙), 우울질(흑담즙) 등으로 규정되는 특정한 기분이나 마음, 정신 상태가 나타난다고 합니다.

유머의 개념은 영국에 와서 마지막으로 의미가 바뀝니다. 윌리엄 콩그리브가 쓴 《희극에서의 유머에 관하여》에 따르면 16세기부터 영어에서 humour라는 단어는 정서, 기분, 감정 상태, 규칙과 관습에서 벗어난 기이한 행동, "단 한 사람만의 독특하고 자연스러운, 행동하거나 말하기 위한 특이하고 어쩔 수 없는 방식. 그로 인해 그의 언행을 남들과 구별하는 것"이란 뜻을 갖게 됩니다.

바로크 시대의 가장 인기 있는 희극작가였던 콩그리브도 할아버님처럼 당시 유머의 아이콘 같은 인물이었습니다. 부도덕하고 불경하다는 이유로 손가락질받기도 했지만 관객들은 그의 작품을 보며 즐거워했고 충실한 팬으로 남았습니다. 그래서 비록 나이가 들어 통풍으로 고생하기도 했으나 꾸준히 두둑한 수익을 챙길 수 있었죠. 여담이지만 콩그리브의 외모는 그가 쓴 작품 속 인물들과 아주 비슷했던 모양입니다. 가발을 쓴 모습이 마치 스탠더드 푸들을 연상시키는데, 거기다 알록달록한 재킷을 입고 굽 높은 구두를 신기도 했습니다. 콩그리브의 위트는 전설적이어서

볼테르마저 그를 만나고자 친히 런던까지 달려올 정도였습니다.

오늘은 이쯤에서 이야기를 줄이고 철학적 설명도 짧게 마치고자 합니다. 상담자로서 이 주제를 놓고 이론적으로 따지는 것은 별 도움이 되지 않을 듯합니다. 특히 독일 낭만주의를 포함해 유머에 관한 이론 대부분이 지루하고 초월적인 태도를 보이는 경향이 있습니다. 제가 추천하는 방법은 일상생활에서 유머를 연습하는 것입니다. 마침 앞서 영국의 사례를 소개했던 만큼 영국식 유머와 친해지기를 권합니다. 무엇보다 많은 코미디에 영향을 끼친 〈몬티 파이튼의 비행 서커스〉와 〈못 말리는 어린 양 숀〉이라는 두 TV 시리즈를 추천합니다. 각각 2~3시간이면 전 시리즈를 시청할 수 있는데, 모두 인터넷에서 쉽게 찾아볼 수 있습니다. 우리가 다룬 주제를 현실적 측면에서 한층 깊게 다룬 이 작품들은 당신의 상황을 고려할 때 신선한 치유 효과를 줄 것입니다. 웃음은 최고의 명약입니다. 할아버님 덕분에 저도 모처럼 크게 웃었습니다. 이 점에 다시 한번 감사의 인사를 전합니다!

미하엘 씨는 유머 감각을 잃은 건 아니지만 그렇다고 크게 웃을 일도 없었다. 삶이 그만큼 고단했기 때문이다. 그는 왜 할아버지에 관해 쓸 생각을 했을까? 자신의 '영웅' 중 하나여서? 아무튼 훌륭한 이야기꾼이자 아이들을 사랑했던, 키가 크고 호리호리했던 할아버지와 좀 더 가깝게 지내지 못한 점이 늘 아쉬웠다.

생각에 잠긴 미하엘 씨는 점심을 준비하려고 부엌으로 갔다. 며칠 전 그 친절한 대학생에게 보헤미아식 파프리카 치킨 요리에 필요한 재료를 사달라고 부탁했던 참이다. 미하엘 씨에게는 소울푸드나 다름없었는데, 고모할머니가 즐겨 해주던 음식이다.

요리법은 다음과 같다. 양파 1킬로그램과 리크(leek) 하나를 잘게 썰어 기름에 천천히 익힌다. 이어 빨간색, 녹색 파프리카를 각각 두 개씩 작은 조각으로 썰어 함께 볶는다. 또 닭고기 1킬로그램을 조각조각 잘라 소금 간을 한 뒤 살짝 익힌다. 잠시 후 물을 조금 붓고 마요라나 잎을 넉넉히 넣은 뒤 펄펄 끓인다. 그 사이 약 0.5리터의 젖산균 크림, 매운 붉은 파프리카 양념, 밀가루 한 숟가락을 함께 넣고 저어준다. 고기가 푹 익으면 앞서 준비한 젖산균 크림을 붓고 끓여 완성한다! 그리고 거기에 꽈배기 모양인 퓨질리 파스타를 곁들여 먹는다.

그렇게 완성된 음식을 두 접시나 비운 미하엘 씨는 마음속으로 고모할머니에게 감사의 인사를 올렸다. 그러고는 진한 터키식 커피를 끓여 다락방으로 올라갔다. 친구에게 주기로 약속한 씨앗을 거둬들이는 작업이 그를 기다렸다.

씨앗들을 작은 종이봉투에 집어넣은 미하엘 씨는 거기다 식물 이름을 적었다. 이어 오래된 어미나무로부터 꺾꽂이용 가지를 잘라 발근촉진제 가루를 뿌린 뒤 그늘에 말렸다. 그리고 그 가지를 꽂을 화분을 가져와 적당히 흙을 혼합했다. 화분들은 나무 선반에 크기별로 잘 정리되어 있었는데, 무게를 이기지 못한 선반이 벌써 위태롭게 휘어져 있었다. 선인장용 무기질 용토, 구근용 용토 또는 착생식물용 용토 같은 배양토가 큰 화분들에 담겨 있었다. 그 위로는 각종 물질을 섞을 수 있는 네모난 함지 모양의 용기가 있다. 규사, 부석, 벽돌 조각, 목탄 같은 유용한 혼합물, 뿌리를 크게 만드는 놀라운 균근 따위가 언제든 쓰기 쉽도록 벽 쪽 유리병 안에 들어 있었다.

함지 용기 옆 창가 쪽에는 미하엘 씨의 자랑거리인, 훌륭하게 자라준 나이 많은 암모란 선인장(Ariocarpus retusus)이 놓여 있다. 보드라운 솜털이 정중앙의 민감한 생장점을 감춘 채 햇빛 속에서 윤기 없이 빛났다. 미하엘 씨는 그 솜털 만지길 좋아했다. 몇 년이 지나 솜털에 밀려난 회록색 잎들은 나무랄 데 없는 건강 상태를 알려주듯 단단하고 말끔한 모양이다. 미하엘 씨는 벌써 반생이 넘는 시간을 이 가시 없는 선인장과 함께하며 살뜰히 보살폈다. 선인장 전문가의 조언도 구했다. 사실 그가 키우는 선인장은 모두 가시가 없는 녀석들이다.

미하엘 씨는 꺾꽂이한 가지를 조심스럽게 화분에 심은 뒤 각 화분에 이름을 적고 다시 한번 창문턱을 바라보았다. 아마 6~7 개월 뒤에는 연분홍색 꽃을 볼 수 있을 것이다. 매년 그렇듯 그때가 되면 솜털을 뚫고 크고 두툼한 꽃이 피어나리라.

'과연 그 순간을 맞이할 수 있을까? 6~7개월 뒤면… 어쩌면… 이미 이 세상에 없지 않을까? 아니야, 그럴 리 없어! 모든 게 착오일 거야. 이런 야단법석이 모두 헛짓거리에 불과할 거야. 그래, 확실히 그럴 거야!'

물 한 잔을 마시고 초콜릿 몇 조각을 먹고 나니 엄습한 두려움도 다시 사라지는 기분이었다. 하지만 우울함은 여전했고 속도 불편했다. 분노가 치민 미하엘 씨는 아래층으로 내려가 한바탕 악담을 퍼부었다. 부엌에서 문득 철학자가 알려준 생활 속 유머

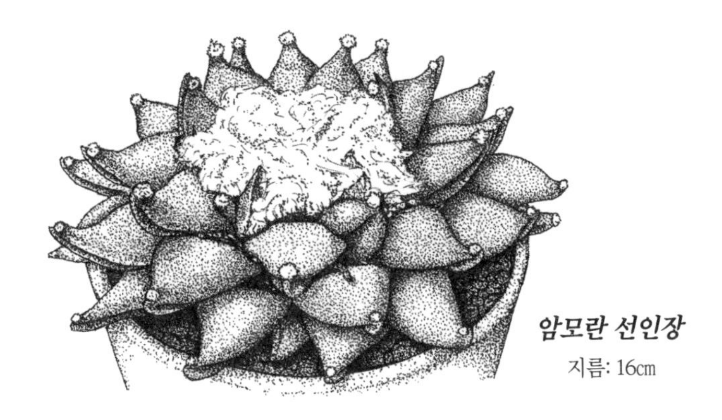

암모란 선인장
지름: 16㎝

연습이 떠올랐다. 어쩌면 기분전환이 될지도 몰랐다. 그리하여 미하엘 씨는 그동안 미처 생각지 못한, 영국식 유머가 자신과 잘 맞는다는 것을 새삼 느끼며 밤을 꼬박 새웠고, 웃느라 지친 채 깊은 잠에 빠져들었다.

상처를 감추는 울타리,

억압

철학자 선생님, 이건 제가 김나지움 4학년 때의 일입니다.

학교 전통에 따라 지리 선생님은 학생들을 데리고 일주일간 체험학습에 나섰습니다. 광산과 산업 단지를 견학하고, 자연 속을 걷고, 축구를 하며 체력 단련도 할 계획이었습니다. 출발에 앞서 똑같은 과정을 먼저 거친 선배들로부터 흔들거리는 2층 침대가 놓인 지저분한 시골 여관이며 형편없는 음식에 대한 경고와 함께 억센 시골 아이들을 조심하라는 주의도 들었습니다.

이후 경험한 일들은 역시나 예상을 벗어나지 않았습니다. 그래도 견학은 꽤나 흥미로웠습니다. 거대한 제철소를 방문했을 때는 용광로에 첫 삽질을 하는 과정에 참석하는 영광을 얻기도 했죠. 하지만 나머지는 하나같이 끔찍했습니다. 여관 주인이 내놓은 음식을 먹고 토한 아이들이 속출했습니다. 저장고의 발효된 사료에서 나는 고약한 냄새가 바람에 실려 온 것도 한몫했습니다. 결국 우리는 마을에서 사 온 소시지 빵과 달콤한 와플을 먹고, 가게 주인이 씩 웃으며 병째로 판 살구 술도 마셨습니다. 저녁이 되자 모두 술에 취했습니다. 다른 방에서 체육 선생님, 농부들과 어울려 술자리를 가진 지리 선생님도 마찬가지였습니다.

이런 끔찍한 경험은 축구장에서 벌어진 제 개인적인 사건으로 고스란히 이어집니다. 축구장 분위기는 처음부터 긴장감으로 가득했습니다. 체육 선생님이 정한 연습 시간이 하필 그 마을 축구팀 훈련 시간과 겹쳤던 것이죠. 자연히 말다툼이 벌어졌고 선생님은 거친 소리로 마을 아이 둘을 내쫓았습니다. 그런데 얼마 후 그 아이들이 친구들을 데리고 다시 찾아와 우리가 연습하는 모습을 구경했습니다. 체육 선생님은 신경이 잔뜩 곤두섰죠.

불편하기는 우리도 마찬가지였습니다. 마을 아이들은 우리가 경기하는 모습을 조용히 지켜봤습니다. 저는 녀석들의 벤치와 가까운 후보 선수석에 앉아 있었기에 그들의 모습이 똑똑히 잘 보였습니다. 낄낄 웃는 마을 아이들 사이에서 저보다 두 살쯤 어려 보이는 한 녀석이 저를 빤히 쳐다보며 히죽거렸습니다. 잠시 뒤 제가 그쪽으로 다시 눈을 돌리자 녀석은 사라지고 없었습니다. 그때 뭔가가 번쩍하고 눈앞을 지나갔습니다. 제 뺨을 냅다 갈긴 녀석은 어느새 저쪽 편으로 가 있었고, 아무 일 없었다는 듯 계속 웃기만 했습니다.

맞아서 아픈 것은 둘째 치고 제 친구 중 누구도 녀석의 행동을 보지 못했다는 점에 저는 당황했습니다. 변변히 항의할 수도 없었습니다. 혼자 저쪽에 싸움을 거는 것은 부질없는 짓이었습니다. 별수 없이 가만히 앉아 뺨만 어루만지고 있자니 여태 느껴보지 못한 화가 치밀어올랐습니다. 순간 믿기 힘든 일이 벌어졌습니다. 데자뷔처럼 아까와 똑같은 일이 되풀이된 것입니다. 놈은 이번에도 순식간에 사라졌고, 저는 어느새 두 번째로 뺨을 맞았습니다. 아까보다 훨씬 세게 맞아서 몸이 의자에서 내동댕이쳐질 정도였죠. 녀석은 다시 친구들 사이에 앉아 영웅이라도 된 듯 웃어 보였습니다. 저는 무기력과 수치심에 휩싸여 땅바닥에 주저앉는 것밖에 할 수 없었습니다.

그로부터 20년이 지난 어느 날, 한 친한 여성과 카페에서 한 시간가량 유쾌한 대화를 나누다가 축구장에서 주먹싸움에 휘말린 그녀의 막냇동생 이야기를 들었습니다. 그 동생이 뺨을 맞았다는 소리를 듣는 순간 갑자기 과거 사건이 제 머릿속에 떠올랐죠. 그때의 광경이 눈앞에 선명하게 펼쳐졌습니다. 그 사건 뒤로 한 번도 그때 생각을 한 적이 없었습니다. 순간 눈가에서 눈물이 몇 방울 떨어졌죠. 이를 본 지인은 깜짝 놀랐고, 그때야 저는 지인에게 당시 겪었던 일을 들려주었습니다.

*

친애하는 미하엘 씨.

참으로 놀라운 이야기입니다! 방금 저는 그동안 보관해둔 원고들 속에서 오래전에 썼던 글을 찾아냈습니다. 대학 시절에 우화 형식으로 억압이라는 심리 현상에 관해 쓴 글입니다.

착한 영혼과 냉철한 정신

우리 영혼은 얼마나 친절한가. 영혼은 이해할 수 없는 일이 생기면 그 기억을 꽁꽁 묶어 우리에게서 빼앗는다. 이와 달리 모든 일을 잊지 않는 정신은 '사고하지 말라'는 명령에 불복해 맞서 싸운다. 물론 승리를 거두지는 못하지만 영혼의 배에 가스를 차게 하고, 그 가스는 결국 불편한 감정을 느끼거나 자기 파괴적 행동이 나타날 때 요란한 소리를 내며 배출된다. 하지만 어느 순간 위험이 사라졌다고 느낀 영혼이 숨겨진 기억을 풀어주면, 정신은 그 기억을 붙잡아 적절히 처리한다. 이로써 영혼은 잠시 고통을 느끼지만 동시에 악몽 같은 소동도 막을 내린다.

물론 영혼은 나쁜 뜻에서 그런 건 아니었으리라. 충격적인 경험으로부터 아이를 지키는 일은 당연히 중요하다. 하지만 언제까지나 그럴 수는 없는 노릇인데, 이 점을 우리의

> 착한 영혼은 알지 못한다. 영혼은 숨기 급급한 어린아이로 영원히 남아 있기 때문이다. 이와 달리 정신은 냉철하다. 정신은 인식을 추구하고, 영혼은 위로를 구할 뿐이다.

그리스인들에게 중요한 성소였던 델포이의 아폴론 신전에는 '그노티 세아우톤(너 자신을 알라)!'라는 인상적인 문구가 새겨져 있습니다. 누구도 이를 못 본 채 지나칠 수는 없어, 왕이든 돼지치기든 상관없이 누구나 이 교훈을 가슴 깊이 새겼습니다. 특히 이에 자극받은 사상가들은 자유롭게 '이성'을 사용하고 학당을 세우고 학문 연구에 매진했습니다. 이는 곧 정신의 연마를 뜻합니다. 영혼을 정화하려고 종교 축제를 열고 연극을 공연했습니다. 축제일에는 남녀 불문하고 그동안 쌓아둔 감정들을 일제히 해소할 수 있었습니다. 이는 꼭 필요한 일이었죠. 또 비극을 관람하며 무대에 펼쳐지는 갖가지 고통스러운 상황 속에서 자기 자신과 마주할 기회를 얻었습니다. 이처럼 고대 그리스인들에게 학당, 축제, 연극은 자기를 인식하는 더없이 좋은 기회였습니다.

그로부터 2700여 년이 지나 고대인들의 자기 인식 프로젝트에 의문을 품는 철학자들이 나타나기 시작합니다. 그 선구자였던 아르투어 쇼펜하우어는 《도덕의 기초에 관하여》에서 '인간은 이성적인 동물'이라는 기존 철학과 정반대로 이성을 "이차적"이고 부차적인 것으로 깎아내립니다. 흔히들 생각하듯 인간은 빛나는 자태를 뽐내는 이성적 존재가 아니며, 우리를 이끄는 것은 오히려 이성을 무력화시키는, '이해할 수 없는 동기들'이라는 것입니다. 쇼펜하우어는 인간은 이성이 아닌 "그의 실제적인 자아", 즉 '의지'가 존재의 핵심이라고 합니다. 의지만이 "절대적으로 주어지고 존재하는" 것이라고 했죠. 하지만 의지가 우리를 이끄는 근거와 동기들은 보이지 않는 곳에 감춰져 있습니다. 쇼펜하우어는 《인간 의지의 자유에 관하여》에서 이를 다음과 같이 표현합니다.

"저 바깥에는 위대한 밝음과 명료함이 있다. 하지만 안쪽은 검은 칠을 한 망원경처럼 깜깜하다. 어떤 선험적 원칙도 자기 안에 있는 밤을 밝히지 못하고, 이런 등대들은 바깥으로만 빛을 비출 뿐이다."

쇼펜하우어에 따르면 자유는 깨어 있는 눈으로 내면을 성찰하는 것에서부터 시작됩니다. 자유의 목표는 개인적인 것, 즉 내밀한 것입니다. 그러려면 먼저 행동으로 이끄는 가장 강력한 동기를 알아야 하죠. 그래서 쇼펜하우어는 '자기 인식'이야말로 자유를 위한 발판이라고 말합니다. 인간이 자유로워지려면 먼저 자기 자신부터 탐구해야 합니다. 자신이 진정으로 원하는 것이 무엇인지, 무엇을 성취할 수 있는지 알면 자신의 성격과 재능에 맞는 것이 무엇인지 자각할 수 있습니다. 이런 의미에서 자유는 자기 선택이고, 자기 고유의 개성을 깨닫고 긍정하는 것이 됩니다.

심층심리학의 창시자인 지그문트 프로이트에게 쇼펜하우어 철학은 아주 중요한 의미가 있습니다. 정신과 의사였던 프로이트는 임상적으로는 설명할 수 없는, 심리적 원인이 의심되는 사례들에 관심이 많았습니다. 환자들의 몸과 마음을 병들게 한 원인을 규명하고자 했던 프로이트는 이들에게 질문을 던져 말하도록 유도했습니다. 프로이트는 명료한 자아의식 밖에 있는 것들을 정신분석, 즉 '의사의 도움을 받아 이루어낸 자아 성찰'을 통해 밝혀낼 수 있다고 생각했습니다. 그래서 "안쪽은 검은 칠을 한 망원경처럼 깜깜하다"는 쇼펜하우어의 생각을 받아들이기 힘들었습니다.

주목할 점은 치료가 아닌 인식, 즉 아폴론 신전에 새겨진 '너 자신을 알라!'를 프로이트가 내세웠다는 것입니다. 고대 그리스인들의 의도처럼 프로이트도 환자들이 자기 인식을 통해 마음의 평화와 건강을 찾기를 원했습니다. 정신분석학은 정신적으로 고통받고 혼란에 빠진 이들이 자신을 알아가는 과정에 동행하는 하나의 수단이었죠. 꿈과 자유연상의 도움을 받으며 걷는 그 길은 철학적이라기보다는 신비스럽고 은밀한 성격이 강했습니다. 정신분석학의 목표도 의식의 깊은 근원, 즉 이성이 감지할 수 없는 곳에 자리한 '본래의 자아'를 드러내는 데에 있었습니다. 마치 마법처럼요.

프로이트는 이 깊은 근원을 의식과 구분하여 '무의식'이라 불렀습니다. 그는 이 무의식에 무엇이 있는지 파악하려면 큰 노력이 필요하다고 지적했습니다. 달갑지 않거나 난처하고 감당하기 힘든 경험들은 억압되어 무의식으로 추방되고, 그저 막연하고 불분명한 짐작만 남기 때문입니다. 이처럼 의식으로부터 억압된 감정이나 소망이 심리적 장애를 일으켜 당사자를 끝없이 짓누르며 병들게 만든다는 점에서 심각한 문제입니다.

흥미롭게도 프로이트는 '억압'을 인간의 타고난 심리 메커니즘으로 보았습니다. 다시 말해 일단 어떤 경험이 '해롭거나 감당하기 힘든' 것으로 분류되는 순간, 기억을 지워 심리적 안정 효과를 가져다주도록 생물학적으로 짜인 일종의 비상 프로그램이라는 것입니다. 마치 악성 프로그램의 침입에 맞서 중앙 컴퓨터를 지켜주는 방화벽처럼 모든 과정이 우리가 손쓸 틈도 없이, 인식할 수 없는 배후에서 일어납니다. 계속해서 성공적으로 방어한다면 관련된 경험은 사실상 잊힙니다. 하지만 심한 트라우마를 겪었다면 사정이 그리 간단치만은 않습니다. 극단적인 경우, 트라우마 경험은 치명적 결과로 이어지기도 합니다. 하지만 다행히도 당신에게는, 직접 설명했듯이 그런 일은 일어나지 않았습니다.

미하엘 씨는 얼굴에 웃음을 띤 채 부엌으로 들어갔다. 철학자의 친절한 말투가 마음에 들었다. 사실 그 사건 자체는 대단한 일이 아니었다. 다만 뜻하지 않은 순간에 그 일이 다시 떠올랐다는 점이 놀라웠다. 의식 밑바닥에 감추어져 있던 기억이 그토록 생생하게 떠오른 적은 처음이었는데, 정말 쉽게 잊히지 않는 인상적인 경험이었다. 다만 철학자의 말처럼 정말로 당시 사건이 자신에게 부정적인 영향을 주지 않았는지는 확신하기가 어려웠다.

위층에 있는 식물 중에 마침 오푼티아 스트로빌리포르미스(Opuntia strobiliformis)가 미하엘 씨의 눈에 띄었다. 위태롭게 기울어져 있는 녀석은 언제라도 아래로 떨어질 것만 같았다. 원래 영국 큐 왕립식물원의 오래된 식물 군집 속에 있던 선인장으로, 바닥에 떨어져 있던 몇몇 부러진 조각을 주워 삽목한 것이다. 당시 두근거리는 가슴으로 식물 조각을 들고 식물원 정문을 통과한 기억이 있어 더욱더 애착이 가는 녀석이다. 특별히 햇빛 잘 드는 탁자 가장자리에 자리를 마련해준 것도 그 때문이다. 그곳에서 녀석은 별 탈 없이 잘 자랐다. 다만 무게 탓에 자꾸만 중심을 잃고 넘어지려고 했다.

미하엘 씨는 햇빛에 반짝이는 연회색의 주름진 몸통을 가만히 쳐다봤다. 솔방울 같은 표면의 볼록한 부분마다 작게 무리 지어 난 새하얗고 자잘한 가시들이 작은 섬광을 쏘아 보내는 탓에 안경을 쓰지 않고는 그 실무늬들을 확인하기가 어려웠다. 오푼티아 스트로빌리포르미스는 미하엘 씨가 보유한 몇 안 되는 선인장 중 하나인데, 아르헨티나 서부에서 쨍쨍한 햇빛을 받으며 바위들 사이에서 자라는 고산식물이다. 오랫동안 비가 오지 않아 부피가 절반으로 쪼그라든 녀석의 몸통은 솔방울을 떠올리게 했다. 그래서 종명도 소나무과 식물의 열매를 뜻하는 스트로빌루스(strobilus)에서 유래했다고 한다. 미하엘 씨는 녀석의 조각을 화분에 심으며 부디 잘 자라주기만을 빌었었다.

산의 정령 같은 이 식물은 춥고 건조하게 월동시키자 점점 튼튼하게 자랐다. 미하엘 씨가 여름마다 모든 식물에게 주는 훌륭한 거름도 한몫했다. 미하엘 씨의 오푼티아 스트로빌리포르미스는 벌써 두 차례나 꽃을 피웠다. 연한 회색 몸통과 반짝이는 흰색 꽃이 아주 잘 어울렸다. 겨울철에 비가 많이 내리지만 않았더라면 바깥에서 겨울을 나게 했으리라. 그럼 녀석도 좋아하고 꽃도 훨씬 풍성하게 피었을 것이다.

식물들을 챙기면서 미하엘 씨는 자신을 알아가는 일에 꽤 진전을 이루었다는 기분이 들었다. 철학자의 도움으로 청소년기부터 쌓아온 생각과 경험을 나름대로 의미 있게 정리할 수 있었다. 사실 철학자가 미하엘 씨가 겪은 사건과 그 의미를 온전히 설명하는 것은 불가능하다. 미하엘 씨가 무슨 생각을 하는지 알지 못한 채, 여러 철학자의 생각을 소개하고 있을 뿐이다. 하지만 이 같은 지식의 구름 속에서 미하엘 씨는 자신이 잘 따라가고 있음을 분명히 느꼈다. 아무튼 미하엘 씨는 철학자의 상담에 크게 만족했다.

저녁이 되어 미하엘 씨는 책 한 권을 읽기로 했다. 아버지가 손수 멋진 글귀까지 써서 선물해준 책이다. 120쪽짜리라 지금부터 시작하면 자정께에는 다 읽을 수 있다. 볼테르의 《캉디드》. 로코코 시대에 쓰인 모험담으로 신랄한 세태 풍자이자 철학적 논쟁서인 그 책을 미하엘 씨는 좋아했다. 자정이 다 되어 드디어 마지막 쪽까지 다 읽은 미하엘 씨는 책의 마지막 문장을 쪽지에 적어 한동안 책상 위에 붙여두었던 일이 떠올랐다.

"캉디드는 이렇게 대답했다. '지당하신 말씀입니다. 하지만 이제 우리는 우리의 정원을 가꾸어야 합니다.'"

잠자리에 들기 전 미하엘 씨는 부엌으로 가서 라임 열매가 몇 개인지 세보았다. 글을 쓸 때마다 라임이 하나씩 필요했다. 홍차에 라임즙을 약간 넣으면 설탕도 아끼고 위 건강도 지킬 수 있다. 잠이 들려는 순간 미하엘 씨는 자신의 보이는 정원과 보이지 않는 정원 모두 더할 나위 없는 상태에 있다는 기분에 안도했다.

적당해야 잘 자라는 것들,
쾌락

철학자 선생님, 이건 어느 어린 날의 이야입니다.

여름철이 되면 저는 조부모님 댁에 머물곤 했습니다. 조부모님 댁 정원에서는 마을 집들의 지붕이 잘 보였는데, 지붕 뒤편으로 와인용 포도를 재배하는 언덕이 대양의 거대한 파도처럼 펼쳐지며 장관을 이루었죠. 게다가 골 사이에서 불쑥불쑥 예기치 않게 모습을 드러내는 산길도 함께 볼 수 있었습니다. 커가면서 저는 이 길에 묘한 매력을 느끼게 되었습니다.

열세 살이 되자 고모가 3단 기어 자전거 한 대를 빌려주셨습니다. 자전거를 타면 가파른 언덕도 문제없이 오를 수 있었죠. 그렇게 밭에서 일하는 농부를 구경하거나 새로운 발견거리를 찾아 다른 마을을 방문했습니다. 가장 높은 언덕 정상까지 올라간 뒤 내리막길을 힘껏 내달리는 꿈같은 경험도 했습니다. 저는 바람 부는 벚나무 길과 어둑한 와인 창고 골목길을 달리며 한껏 자유를 만끽했죠.

유독 무더웠던 어느 날, 자전거를 타고 가장 가파른 언덕을 지나는 여행을 떠났습니다. 그곳 정상에서는 내려서 자전거를 끌어야 했지만 이번만큼은 욕심이 생겼습니다. 정상에서 아래로, 그렇게 한참 페달을 돌렸는데, 어느 순간 돌연 눈앞이 캄캄해졌습니다. 의식을 되찾았을 때는 길가 도랑에 누워 있더군요. 다행히 다친 곳은 없었지만 이만저만 놀란 것이 아니었습니다. 심한 어지러움에 한동안 가만 누워 있다가 이윽고 한 아름다운 포도 농장까지 천천히 자전거를 탔습니다. 거기서 잠시 쉬었다 갈 생각이었습니다.

그 포도원 한가운데는 열매가 주렁주렁 달린 작고 아름다운 복숭아나무 한 그루가 서 있었습니다. 여전히 속이 메스꺼웠던 저는 복숭아를 하나 땄습니다. 작고 잘 익은 이 포도원 복숭아는 껍질에 유난히 털이 많아 처음에는 잠시 멈칫했습니다. 나중에 듣기로 역사가 오래된 종자랍니다. 그 새하얀 과육을 깨무는 순간 입안 가득 환상적인 향이 퍼졌습니다. 순간 메스꺼움도 사라지면서 갑자기 배가 몹시 고파졌습니다.

연달아 세 개나 복숭아를 먹어치운 저는 고모가 준 초콜릿을 배낭에서 꺼냈는데, 완전히 녹아버린 초콜릿이 포장지 사이로 흘러내리고 있었죠. 급히 초콜릿을 입에 넣자 그 달콤함이 복숭아

향과 섞이면서 이제까지 느껴보지 못한 맛의 감동이 밀려왔습니다. 흡사 기적의 레시피를 발견한 기분이었죠. 무언가에 홀린 듯, 나무에 달려 있던 복숭아를 아무 거리낌 없이 모조리 따 먹었습니다. 녹아 끈적해진 초콜릿과 함께 복숭아를 하나씩 입안에 밀어 넣었습니다. 이윽고 포만감에 젖었고 나무 밑에 앉아 복숭아 씨를 세어보다가 어느새 깊은 잠에 빠졌습니다.

잠에서 깨었을 때는 해가 벌써 지평선에 걸려 있었고, 입안에는 그 놀라운 복숭아 향이 고스란히 남아 있었습니다. 메스꺼움 따위는 싹 사라지고 더없는 행복을 느꼈습니다. 저는 끈적거리는 손으로 얼른 자전거를 끌고서 길 쪽으로 갔습니다. 다행히 저를 본 사람은 아무도 없었습니다.

친애하는 미하엘 씨.

당시 상황을 눈앞에서 직접 보듯 생생하게 묘사한 글이었습니다! 유감스럽게도 대부분의 철학자가 초콜릿과 복숭아를 함께 먹었을 때 느꼈던 육체적 쾌락을 경멸했습니다. 이성적이고 도덕적인 행동이 아닌, 욕구에 따른 행동은 터부시되었습니다. 플라톤이라면 당신을 나무랐을 것입니다. 마찬가지로 아우구스티누스, 아퀴나스, 칸트, 비트겐슈타인 같은 철학자들도 이 이야기 속에서 자신을 통제하지 못하고 도둑질했다는 점만을 볼 것입니다.

이 이야기에 담긴 깊은 의미를 이해할 만한 철학자가 있다면 아마도 에피쿠로스뿐이겠지요. 에피쿠로스는 쾌락이라는 현상을 현실에 맞게 설명하고 철학의 한 부분으로 편입시킨 최초의 인물입니다. 그는 〈메노이케우스에게 보내는 편지〉에서 쾌락은 행복한 삶의 시작이자 끝이라면서 '우리는 선천적으로 쾌락을 최고의 선으로 인식한다. 우리가 받아들이거나 피하는 모든 선택은 쾌락에서 시작하고, 이에 따른 감정으로 선악을 판단한다'고 했습니다. 기쁜 것은 선이요, 고통스러운 것은 악인 것이죠.

이 점에 관해서는 갓난아기의 행동에서도 뚜렷이 확인할 수 있는 만큼 구태여 다른 증거를 댈 필요가 없다고 에피쿠로스는 말합니다. '불이 따뜻하고 눈이 하얗고 꿀이 달콤하다고 우리가 느끼는 것처럼' 설명이 필요 없을 정도로 명백하다고 합니다. 그래서 쾌락은 평생 변치 않는 가장 중요한 가치로 남고, 인간은 이와 관련해 변하기 힘들다는 것입니다.

그는 또 "모든 선의 원천과 뿌리는 위장의 쾌락이다. 왜냐하면 현명하고 고상한 것조차 결국 여기서 비롯되기 때문이다"라는 말을 남겼다고 합니다. 다시 말해 현명하든 고상하든 모든 행동은 결국 쾌락 또는 이득을 노린 것이라는 거죠. 이로 인해 무수한 비판의 목소리가 에피쿠로스에게 쏟아졌습니다. 그래도 에피쿠로스는 소신을 굽히지 않았습니다. 이 철학자는 "나는 쾌락을 주지 않는 고상한 것을 경멸하고, 덮어놓고 이것을 감탄하는 이들도 경멸한다"고 했습니다. 위선이야말로 에피쿠로스가 가장 혐오한 것이었습니다.

에피쿠로스에 따르면, 사상가들은 쾌락의 본질을 파헤치는 데 소홀했습니다. 그들에게 쾌락은 천민이나 짐승이 관심을 두는 대상이었죠. 현자라면 늘 한 차원 더 수준 높은 것, '고상한 것'을 마음속에 두어야 한다고 여겼습니다. 그런 것이 현명하고 지혜롭다는 거였죠. 하지만 이는 오해입니다. 키케로가 《최고선악론》에서 인용한 에피쿠로스의 말을 봅시다.

"단지 쾌락이라는 이유로 쾌락 그 자체를 경멸하거나 미워하거나 피하는 사람은 없다. 하지만 쾌락을 이성적으로 추구할 줄 모르는 사람은 극도로 고통스러운 결과에 직면한다."

에피쿠로스는 쾌락을 경멸하는 사람은 쾌락을 온전히 경험하고 유지하는 방법을 모르는 자라고 지적하죠. 쾌락이란 '끝이 없어서 절대 만족할 수 없는 것'이라는 잘못된 생각이 원인이라고 했습니다. 또 이런 오해가 쾌락은 깊이가 얕아서 가치가 없고, 이 때문에 철학의 대상이 될 수 없다는 또 다른 착각으로 이어진다는 것입니다. 사실 그렇습니다. 헤아릴 길 없고 붙잡을 수도 없으며, 측정할 수 없고 끝도 없는데 어떻게 '텔로스', 즉 우리가 추구해야 할 궁극적인 목표로 삼을 수 있겠습니까? 어떻게 그 목표를 향해 갈 수 있겠습니까?

이에 대해 에피쿠로스는 '모든 고통으로부터 해방될 때 쾌락은 최대치에 도달하고', 쾌락은 이 최대치를 넘어 '변화할 수는 있지만 더 늘거나 풍부해질 수는 없다'는 논리로 반박합니다. 그에게 있어 쾌락은 더하기가 아니라 빼기입니다. 그러므로 모든 고통이 사라진 그 상태야말로 쾌락의 한계이자 쾌락을 측정할 수 있는 기준입니다. 그 이상의 즐거움(쾌락)은 아무리 노력해도 절대 얻을 수 없습니다. 기분 좋게 배가 부른 수준보다 더 많이 먹었다가 결국 탈이 나버린 상황을 생각해보면 좀 더 이해하기 쉬울 것입니다.

또 에피쿠로스는 현재에 집중합니다. 우리가 돈이나 직업, 권력과 명예 등의 성취를 목표로 애쓰는 것은 미래에 즐거움(쾌락)을 누리기 위함이죠. 하지만 미래가 원하는 대로 풀릴 가능성이 얼마나 되겠습니까. 항상 불확실하고 마음은 불안합니다. 에피쿠로스는 즐거움을 미루지 말라고 합니다.

"우리는 단 한 번 태어날 뿐이다. 두 번 태어날 수 없고, 영원히 존재할 수도 없다. 그런데 내일의 주인이 아닌 당신이여, 당신은 기쁨을 미루고 있다. 우리가 주저하는 동안 인생은 흘러가고, 우리 각자는 쉼 없이 일하는 가운데 죽고 만다."

다만 에피쿠로스가 말하는 쾌락은 방탕하거나 환락이 아닙니다. 모든 고통이 사라져 마음이 고요하고 평안해진 상태가 이어지는 것. 에피쿠로스는 이런 마음의 상태를 '아타락시아'라고 부르며 행복의 필수 조건으로 보았습니다. 그러려면 세심하게 고른 친구, 정치적 불간섭, 건강에 좋은 음식 섭취, 은둔 생활 등이 필수라고 조언합니다. 또 언제 어디서나 적절한 수준을 유지해야 한다고 했죠. 자신의 재능과 능력, 재산을 적절히 파악하고 사용함으로써 우리는 큰 실망이나 의존 상태에서 벗어날 수 있기 때문입니다.

그렇지만 살다 보면 어쩔 수 없는 고통을 겪기도 합니다. 당장 제거할 수 없는 괴로움입니다. 그럴 땐 어떻게 해야 할까요? 에피쿠로스는 그때그때의 상황에 맞게 대처하라고 조언합니다. 육체적 고통이 참을 수 있는 한도 내에 있다면 침착한 태도를 보이라고 합니다. 반면 견디기 힘든 고통이 지속될 때는 스스로 죽음을 택하는 것도 하나의 방법으로 인정합니다. 생전에 쾌락의 본질을 꿰뚫어 보고 즐겁게 살았다면 편하게 죽을 수 있기 때문입니다. 이런 사람은 모든 것을 누렸고 어떤 것도 놓치지 않았습니다. 중요한 것은 언제나 쾌락의 질입니다. 그는 "죽음은 아무것도 아니다"라고 했습니다. 죽음과 동시에 감각과 의식이 사라지므로 쾌락도 고통도 느낄 수 없습니다. 그래서 죽음은 두려워할 것이 못 됩니다.

에피쿠로스는 항상 착시 없는 냉철한 태도로 마음의 고통에 직면해야 한다고 말합니다. 현명한 사람에게는 결국 쾌락(선)이 우세하기 때문입니다. 결국 철학도 이 같은 이득을 얻고자 존재합니다. 다시 《최고선악론》에서 인용된 부분을 보면 그는 "어떤 결과도 내놓지 못한다면 사람들은 삶의 기술인 지혜를 추구하지 않을 것이다. 하지만 지혜야말로 쾌락을 찾고 얻어내는 일종의 발명가와도 같기에 사람들은 지혜를 추구한다"라고 말합니다. 그렇기에 마음의 불안도 극복할 수 있습니다. "마음에서 슬픔을 몰아내고 불안과 두려움으로부터 보호하는 것은 오직 지혜뿐이기" 때문입니다.

미하엘 씨, 그대는 행운아입니다. 멋진 복숭아나무를 우연히 발견한 데다가 그곳에서 들키지 않고 무사히 빠져나올 수 있었으니까요!

철학자의 설명을 꼼꼼히 읽은 미하엘 씨는 눈을 감고 당시 나무에 기댄 채 헤아려본 복숭아씨가 모두 몇 개였는지 떠올리려고 했다. 아마도 나이 정도인 13개나 14개쯤 되지 않았을까.

미하엘 씨는 식탐이 많은 편이다. 집에 초대받거나 환영 파티에 참석할 때 염치없이 접시에 음식을 가득 담아 아내가 나무라는 눈길을 주었던 적이 한두 번이 아니었다. 그는 음식을 남기는 법이 없었다. 미하엘 씨는 웃음이 나왔다. 그러고 보니 나무에 달려 있던 털이 보송보송한 그 달콤한 복숭아도 남김없이 따 먹었다. 아마도 잘 익은 복숭아를 보고 기뻐한 농장주인은 다음 날 복숭아를 수확하려고 했을지도 모른다. 그러니 미하엘 씨가 저지른 일은 결코 자랑할 만한 것이 아니다.

나무에 복숭아가 스무 개 넘게 달려 있었더라도 다 먹어치웠을 것이다. 하지만 그랬더라면 속이 거북해지면서 행복감을 느끼지 못했을 터이다. 딱 '고통스러운 메스꺼움'을 씻어줄 만큼만 복숭아가 열린 덕분에 도를 넘지 않게 먹었지, 미하엘 씨의 이성이 작동해서가 아니었다. 이번에도 철학자는 친절하게도 자신을 실제 이상으로 높이 평가해주었다.

즐거우면서도 부끄러운 감정을 느끼며 미하엘 씨가 식물들이 있는 다락방 문을 확 여는 순간 고약한 악취가 풍겨왔다. 스타펠리아 기간테아(Stapelia gigantea)가 분명했다!

며칠 전부터 녀석의 꽃봉오리가 점점 커지는 모습을 눈여겨보았는데 오늘 드디어 꽃이 핀 것이다. 스타펠리아 기간테아는 유사한 식물 중에서 가장 거대한 종류로, 자생지 남아프리카에서는 거대한 군락을 이루기도 하며 봄에서 가을까지 무수히 많은 꽃을 피운다. 보드라운 털로 뒤덮인 곧고 짙은 초록빛 줄기는 최대 25센티미터까지 자라지만, 주황색 얼룩무늬의 불가사리 같은 꽃의 지름이 최대 40센티미터에 이를 만큼 거대해서 줄기를 가리기 일쑤다. 꽃에서 고기 썩는 냄새가 풍기는 탓에 벌 대신 파리가 수분을 돕는다.

멋진 사진을 몇 장 찍은 미하엘 씨는 간단히 밥을 먹으려고 부엌으로 내려왔다. 오늘 메뉴는 스파게티 볼로네즈다. 이를 위해 최고의 이탈리아제 소스 중 마지막 한 병을 남겨두었다. 믿을 수 있는 회사 제품이다. 미하엘 씨는 오늘 요리하고픈 생각이 별로 없었다. 다행히 전 세계를 돌며 산 통조림을 한가득 보관하고 있다. 삶은 뱀도 있다. 또 유칼리나무 껍질에 사는 길고 하얀 벌레를 토마토소스에 넣은 남아프리카 통조림통도 있다. 미하엘 씨는 벌레가 소스 안에 들어 있는 모습을 사실적으로 묘사한 라벨이 잘 보이도록 눈높이의 선반에 배치했었다.

미하엘 씨는 접시에 수북이 담긴 스파게티를 얼른 먹고서 친절한 대학생이 문 앞에 두고 간 식료품 상자를 열어보았다. 상자 안

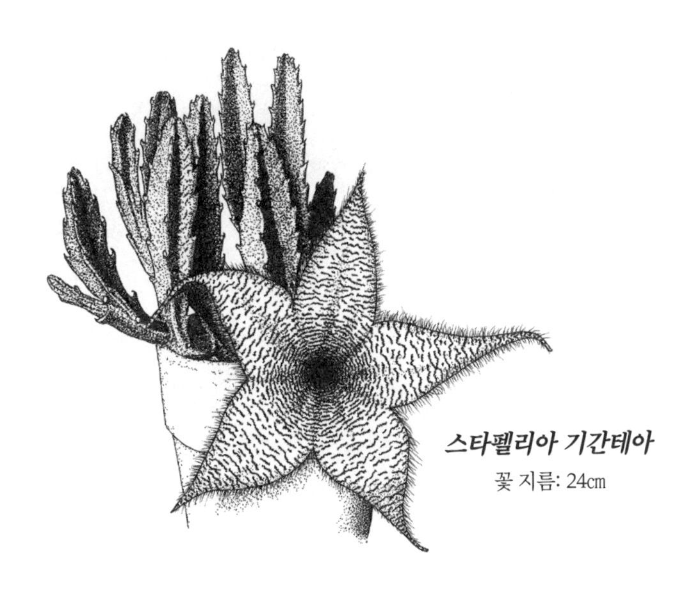

스타펠리아 기간테아
꽃 지름: 24㎝

에는 마침 복숭아 몇 알이 들어 있었다.

"그런 경험은 두 번 다시 없을 거야."

복숭아 하나를 집어먹은 미하엘 씨가 중얼거렸다. 어떤 경험은 평생 딱 한 번 찾아온다.

미하엘 씨는 거실로 가서 컴퓨터 모니터 앞에 앉았다. 꽃이 활짝 핀 '스타펠리아' 사진을 넣어 지역 다육식물협회를 위한 소식지를 작성했다. 거기에는 다음과 같은 재배법도 짤막하게 소개했다.

> 뿌리가 잘 자란 튼튼한 '스타펠리아 기간테아'를 얻는 행운을 누렸다면 한 가지 기억할 점이 있다. 바로 위에서 물을 주는 대신 흙 표면이 약간 축축해질 때까지 물에 담가두고

중간중간 잠깐씩 말리는 것이다. 배양토가 푹 젖으면 자칫 썩을 수 있기 때문이다. 겨울철 휴면기에는 온도를 12도에서 15도 사이로 맞추고 2~3주에 한 번씩 잠깐 물에 넣어두는 것이 좋은데, 이때에도 화분 위쪽의 흙은 건조하게 유지해야 한다.

번식을 위해서는 천삽(가지 끝부분을 잘라 삽목하는 것-옮긴이)이나 새순꺾꽂이 같은 꺾꽂이법을 쓰는데, 봄철에 가지를 잘라 화분에 심기 전 이틀간 건조한다. 스타펠리아 기간테아는 꽃이 피기까지 최대 5년의 세월이 걸린다. 그렇게 핀 꽃은 가히 숨 막힐 정도로 아름답다! 여러분의 식물 컬렉션에는 이미 꽃을 피운 표본이 들어 있을 수도 있지만.

요약하자면 아주 밝은 장소에 두고, 물을 줄 때는 적정량을 지켜야 한다. 에피쿠로스도 지적했듯 일단 결핍이 사라지면 인간은(또한 식물도) 행복감을 느낀다! 그 이상의 것, 더 많은 것을 추구하고, 더 많은 물을 찾는 짓은 부질없다. 알맞게 촉촉해졌다면 질적인 측면에서 더 이상 늘어나거나 풍요로워지기 힘들기 때문이다!

씨앗을 심는 이의 기대,
희망

철학자 선생님, 이건 제가 아닌 할아버지의 경험담입니다.

할아버지는 그 이야기를 수십 번도 더 들려주셨죠. 그만큼 당신께는 일생일대의 사건이었습니다. 1914년 어느 여름날, 밤늦은 시각에 누군가 대문을 흔들어댔고, 흥분한 듯 급기야 1층 창문까지 마구 두들겼습니다. 성당지기가 증조할아버지께 어서 아들을 깨워달라고 간청하러 온 것이죠. 곧 미사가 열리는데, 신부가 가장 뛰어난 복사(미사 때 신부를 돕는 아이-옮긴이)를 찾는다고 했습니다.

당시 아홉 살이었던 할아버지는 얼른 옷을 갈아입고 나왔습니다. 라틴어 문장을 실수 없이 외울 수 있는 유일한 소년이었죠. 할아버지는 성당지기보다 더 빨리 컴컴한 마을을 내달렸습니다. 마을의 오래된 보리수 아래에 이미 검은 말이 끄는 크고 검은 마차 한 대가 대기 중이었습니다. 희미한 불빛이 비치는 제의실에 도착하자 신부는 벌써 할아버지가 입을 미사용 옷을 준비해놓고 있었답니다. 그러고는 '아주 중요하고도 귀한 손님'이 왔다고 속삭였습니다.

성당 안의 넓은 신도석은 텅 빈 채 어둠에 싸여 있었고, 제단 위의 초들만 공간을 밝히고 있었습니다. 성당지기가 은빛 십자가가 달린 긴 막대기를 들고서 앞으로 걸어갔고, 신부의 손짓에 할아버지가 제단 종을 흔들자 드디어 미사가 시작되었습니다. 얼마 후 할아버지는 성직자석에 한 남자가 앉아 있는 걸 알아챘습니다. 남자는 무릎을 꿇고 두 손을 얼굴 앞에 모은 채 열심히 기도했습니다. 잠시 후 성체를 나누어주려고 신부가 다가가자 남자가 자리에서 일어났는데, 그의 눈에는 눈물이 고여 있었습니다.

미사가 끝나고 할아버지는 미사복을 벗은 뒤 시키는 대로 허리 숙여 인사하고는 제의실로 향했습니다. 이미 검은 옷차림을 한 우아한 자태의 신사가 신부 앞에 서서 감사의 말과 함께 작별 인사를 나누고 있었습니다. 신사는 할아버지의 손에 번쩍이는 금화를 쥐여주었죠. 정중히 감사 인사를 건넨 할아버지는 금화를 바지 주머니에 넣었습니다. 신부도 할아버지를 칭찬하며 과자가 든 작은 주머니를 선물했다고 합니다.

손님을 마차까지 배웅하자 이미 시종이 대기하고 있었고, 그 미지의 신사를 태우더니 네 마리 검은 말을 몰아 황급히 출발했습니다. 이윽고 신부가 "네게 금화를 주신 분이 누군지 알려주마" 하고 입을 열었습니다.

"그분은 불가리아 왕이시다! 이제 집에 가도 좋단다. 하느님의 가호가 함께하길!"

할아버지는 집에 와서 증조할머니께 그 금화를 드렸습니다.

그로부터 수십 년이 흘러 노인이 된 할아버지는 작센코부르크고타 공작이자 페르디난트 1세인 불가리아 왕이 사라예보 암살 사건 직후 프란츠 요제프 황제에게 전쟁 계획을 거두어들이도록 간청하려고 빈을 방문한 이야기를 어느 회고록에서 읽었습니다. 할아버지의 고향에 잠시 들른 뒤에도 불가리아 왕은 계속해서 러시아 차르 니콜라스 2세가 있는 상트페테르부르크로 향했고, 거기서도 평화를 지켜달라는 부탁을 했다고 합니다. 하지만 모든 시도는 물거품이 되었고, 얼마 지나지 않아 제1차 세계대전이 일어나고 말았죠.

*

미하엘 씨, 감사합니다. 한 편의 가슴 뭉클한 이야기였습니다.

신심이 깊은 불가리아 왕은 마지막까지 희망의 끈을 놓지 않았습니다. 좌절감 속에서도 한밤중에 무릎을 꿇고 하느님께 평화를 빌었습니다. 그러나 희망은 이내 실망으로 변하고 말았습니다.

방금 저는 요한 볼프강 폰 괴테의 시집 《신과 세상》을 펼쳤습니다. 희망을 주제로 쓴 시 한 편이 떠올랐기 때문입니다. 연작시 〈원초적인 말. 오르페우스풍으로〉 중 다섯 번째 8행시 〈희망〉의 뒷부분을 소개합니다.

희망

한 존재가 날렵히 거리낌 없이 움직인다.
짙은 구름과 안개와 쏟아지는 소나기로부터
우리를 일으켜 세운다. 그것과 함께, 그것을 통해 우리는 날아갈 듯 부풀어 오른다.
그대는 그것이 무엇인지 알리라, 그것은 어디에도 얽매이지 않고 돌아다닌다.
한 차례 날갯짓--그러자 영겁의 세월이 우리 뒤로 사라진다!

미하엘 씨, 치명적인 바이러스에 감염되지 않았기를 진심으로 바랍니다.

그동안 들려준 이야기들은 하나같이 놀라운 것들이었습니다. 그렇기에 더더욱 당신의 삶이 여기서 끝날 거라 믿고 싶지 않습니다. 이른바 공식적 경로로 죽음의 위험이 통보된 것은 사실이지만 그렇다고 희망을 버릴 이유는 없습니다. 물리학과 달리 의학은 예외를 인정하지 않는 절대적 학문이 아닙니다. 우리 각각은 하나밖에 없는 독특한 존재들이고, 의학적으로 볼 때 개개인 모두가 특수한 사례에 해당하기 때문입니다.

희망은 우리에게 날개를 달아줍니다. 미래를 기대하는 것을 넘어 긍정적인 방향으로 바꿀 힘도 줍니다. 이는 몸과 영혼과 정신에 똑같이 적용됩니다. 우리의 철학적 대화는 삶을 올바르게 성찰하도록 정신을 격려했습니다. 만약 어쩔 수 없는 일이 벌어진다 하더라도 삶의 마지막 순간을 평화롭게 맞이할 수 있을 것입니다. 반면 영혼에게는 긴장을 풀고 기쁨을 누릴 수 있는 휴식 장소가 필요합니다. 당신은 이미 그런 장소를 가지고 있습니다. 제게 보낸 사진들이 보여준, 바로 당신이 애지중지하는 식물 컬렉션입니다. 그 아름다운 사진들에 다시 한번 감사드립니다. 보면서 그 안에 얼마나 많은 사랑과 헌신을 쏟아부었는지 생생히 느낄 수 있었습니다!

몸과 관련해서는 제가 바이러스 전문가가 아니기에 크게 드릴 말은 없습니다. 다만 이 이야기만은 전하고 싶습니다. 저만큼이나 당신이 모은 식물들에 감탄하는 제 아내는 수십 년 전부터 가정상비약을 직접 만들었습니다. 그 덕분에 큰 병을 치르지 않고 지금까지 건강하게 지낼 수 있었습니다. 한련화 잎과 서양고추냉이 뿌리가 주성분입니다. 순수하게 식물에서 추출한 물질로 만든 이 가루약을 아내는 가족과 친구들을 위해 항상 넉넉히 준비해놓습니다. 당신에게도 내일 복용 설명서와 함께 약을 보내겠다고 합니다. 주변에서도 그 효과를 본 사람들이 많았던 만큼 안심하고 권해드립니다!

고대 세계에서는 '희망'이라는 주제를 중요하게 다루지 않았습니다. 희망에 해당하는 그리스어 '엘피스'가 갖는 모호함과도 연관이 있지요. '기대'라는 의미가 더 어울리는 이 단어는 기대하는 대상이 좋은 것인지 위험한 것인지에 따라 '희망' 또는 '두려움'으로도 옮길 수 있습니다. 대개는 그리스비극에 탁월하게 묘사된, 피할 수 없는 운명에 전율한다는 뜻의 불길한 기대를 말하는 것이었습니다. 라틴어 '스페스' 역시 그리스어 '엘피스'처럼 중립적 개념으로 이해해야 합니다.

하지만 유대·기독교에서는 사정이 다릅니다. 그리스·로마 세계관과 달리 구약과 신약 성서에서 희망은 더 나은 미래에 대한 기대라는 의미만 갖습니다. 여기서 희망은 약속의 땅 또는 하느님 왕국에 대한 약속입니다. 한밤의 미사를 집전했던 신부는 〈고린도전서〉 13장에 등장하는 '믿음, 희망, 사랑'이라는 유명한 세 가지 덕목을 언급하지 않았을까요? 어쩌면 불행한 왕에게 그 구절을 직접 읽어주었을지도 모릅니다.

근대 철학에서는 '희망'에 중요한 의미를 두지 않았습니다. 오히려 비이성적이고 무의미한 정서로 여겼습니다. "나는 무엇을 바랄 수 있는가?"라는 칸트의 질문과 함께 비로소 개개인의 운명에 초점을 맞춘 새로운 관점이 등장합니다. 이후 희망에 철학적 의미를 부여한 이들은 실존주의 철학자였습니다.

마르틴 하이데거는 《존재와 시간》에서 희망이란 현상을 "고양된 기분, 더욱 좋게 고양시키는 기분"으로 규정하고, "미래에 일어날 나쁜 일과 관련된 '공포'와 구별되는 '희망'의 특징은 미래에 좋은 일이 있을 것이라 기대감이다. 그러나 이 희망이라는 현상의 구조에서 중요한 점은 희망이 가진 미래적인 성격보다 희망이라는 존재 그 자체의 의미다"라고 했습니다. 그는 이어 희망이라는 기분의 특징은 '자기 자신을 위해 무언가를 기대'한다는 데에 있어서 "희망하는 자는 자기 자신을 희망 속에 두고, 기대하는 것으로 자기 자신을 데려간다"고 설명했습니다. 간략히 말하자면 '희망하는 사람은 희망을 품고 기대하는 것을 향해 나아간다'라는 것이죠. 다만 이때 희망하는 사람이란 '자기의 고유한 삶을 살아가는 존재'라는 것을 전제로 한다고 조건을 달았습니다.

자신에 대해 어떠한 반성도 하지 않고, 남의 시선만 신경 쓰다가 결국 자신을 잃어버린 사람은 더 이상 희망이 없습니다. 그런 사람은 희망을 품을 수도 없고 기대하는 것을 향해 나아갈 수도 없습니다.

하이데거에 따르면 인간이 희망을 성취하는 것은 세상에 내던져진 존재(인간, 현존재-옮긴이)가 자신이 던져진 세계와 맺는 "탈자적-시간적 관계"에서 찾아볼 수 있습니다. 희망을 품은 인간은 '내던져진' 대로 자신을 내맡기지 않습니다. 다시 말해 되는 대로 살고, 기다리고, 잊어버리고, 무관심한 채로 있는 것이 아니라, 지금 여기에서 탈자적으로(ekstatisch, 하이데거의 철학에서는 '그 자신을 넘어서려 하는 것'. 독일어 단어 자체로는 '황홀한', '도취한' 등의 뜻이 있음—옮긴이), 즉 열광하고 도취된 상태로, 모든 일이 잘되는 상황을 머릿속에 그리고자 합니다. 그러면서 안심하게 됩니다. 설령 나중에 바라던 것이 이루어지지 못한다고 하더라도 적어도 실행력과 용기를 갖게 되죠.

답답한 마음에서 벗어난 미하엘 씨가 안도의 한숨을 내쉬었다. 밤 미사와 금화 이야기를 쓸 때만 해도 희망이라는 주제를 머릿속에 떠올렸던 것은 아니었다. 하지만 그 일화를 희망과 연결한 것은 꽤 적절한 판단으로 보였다. 미하엘 씨에게 지금 무엇보다 필요한 것이 바로 희망이고, 철학자가 희망을 잃지 않게 응원해준 사실은 큰 위안으로 다가왔다.

성경책을 집어 들고 〈고린도전서〉 제13장을 펼치자 오랜만에 다시 만나는 아름다운 문구를 읽을 수 있었다.

"사랑은 오래 참습니다. 사랑은 친절합니다. 사랑은 시기하지 않습니다. 사랑은 자랑하지 않습니다. 사랑은 교만하지 않습니다. 사랑은 무례하지 않습니다. 사랑은 사욕을 품지 않습니다. 사랑은 성을 내지 않습니다. 사랑은 앙심을 품지 않습니다. 사랑은 불의를 보고 기뻐하지 아니하고 진리를 보고 기뻐합니다. 사랑은 모든 것을 덮어주고 모든 것을 믿고 모든 것을 바라고 모든 것을 견디어냅니다. (…) 그러므로 믿음과 희망과 사랑, 이 세 가지는 언제까지나 남아 있을 것입니다. 이 중에서 가장 위대한 것은 사랑입니다."

아내가 세상을 떠난 뒤로 사랑과 영영 멀어진 기분이 한참 동안 가시지 않았다. 그 무엇에도, 또 누구에게도 사랑을 느끼기 힘들었다. 미하엘 씨에게 남은 것은 오직 성공에 대한 야심뿐이었다. 일을 통해 야망을 이루려 했고, 그것이 어쨌든 성공으로 이끌었다. 하지만 마음속에는 늘 공허와 상실감이 함께했다. 못 견딜 정도의 고통은 아니더라도 늘 마음 한편에 불안이 도사렸다. 거기서 벗어난 것은 여행을 다니고 식물원에서 경이로운 감정을 느끼기 시작하면서부터였다.

이제 미하엘 씨는 한 지붕 아래 같이 살면서 오롯이 자신에게 의지하는 크고 작은 생명체들에게 사랑을 쏟아붓는 자기 자신을 발견했다. 헌신적으로 돌본 덕분에 모두 건강하게 자라고 있었다. 바로 여기에 그는 가장 큰 희망을 걸었다.

'언젠가는 녀석들이… 그래, 언젠가는…. 하지만 이제는 하루하루가 마지막 날이 될지도 몰라. 철학자 선생은 자기 아내가 만든 약을 먹어보라고 권했지. 정말이지 세심한 배려야. 어쩌면 그 약이 도움이 될지도 모르겠군.'

카다멈과 소금 한 꼬집을 뿌린 진한 터키식 커피를 준비한 미하엘 씨는 식물들이 있는 위층으로 올라가 작업을 시작했다. 가스테리아 필란시 변종 어니스티-루스치(Gasteria pillansii var. ernesti-ruschii)에 씨들이 영글어 있었다. 나미비아 남부에서 자생하는 이 다육식물은 다 자라도 그다지 크지 않다. 잎은 표면이 도돌도돌한데, 덤불이나 바위 아래쪽처럼 해가 강하지 않은 그늘진 곳에서 발견된다. 장밋빛이나 오렌지빛을 띠는 길쭉한 종 같은 작은 꽃은 높이 자란 원추꽃차례 위에 오랫동안 시들지 않고 매달려 있다.

미하엘 씨는 시든 원추꽃차례를 조심스럽게 작은 종이봉투에 밀어 넣고 손가락으로 봉한 뒤 가위로 꽃차례를 잘랐다. 그럼 작은 씨들이 밖으로 튀어나와 바닥 어딘가로 사라질 위험이 사라진다. 미하엘 씨는 식물 전문가인 친구에게 이 씨앗을 나눠줄 생각이었다.

어니스티-루스치는 가스테리아속 중에서도 유일하게 늦가을에 꽃을 피운 뒤 겨우내 자라 봄에 씨를 맺는 식물이다. 미하엘 씨는 여름철에는 녀석을 건조하게 유지하려고 노력했다. 생각해 보면 놀라운 일이다. 미하엘 씨가 키우는 식물 태반이 이곳과 계절이 반대인 적도 너머 남반구에 자생지를 두고 있다. 녀석들 대부분은 북반구 기후에 잘 적응했지만 한사코 적응을 거부하는 유형도 있다. 보통은 해당 속 가운데 일부로, 이들은 '동형종(冬型種)'이라 불린다. 미하엘 씨는

가스테리아 필란시(변종: 어니스티-루스치)
식물 높이: 12㎝

물을 줄 때 이 사실을 잊지 않으려고 이름표에 오렌지색 점을 찍어 표시해두었다. 엉뚱한 계절에 물을 주었다가 뿌리에 문제가 생기면 식물을 되살릴 방도가 없으니, 그런 실수를 되풀이하지 않기 위함이다.

저녁을 먹은 뒤 미하엘 씨는 다시 현관문 앞에 뭐가 있는지 확인했다. 고맙게도 거기에는 철학자의 아내가 보내주겠다던 가루약 상자가 놓여 있었다. 손으로 쓴 쪽지도 함께 들어 있었는데, 약이 독한 만큼 위장이 상하지 않도록 쌀 요리와 카망베르 치즈와 함께 바나나를 많이 먹으라는 팁이 적혀 있었다.

공정함이란 무엇인가?
정의

철학자 선생님, 이건 거리에 처음으로 현금인출기가 설치되던 무렵에 일어난 사건입니다.

은행에서는 고유의 비밀번호가 부여된 현금카드를 고객들에게 발급했습니다. 우리 어머니도 일찌감치 현금카드를 만들었고, 편의상 비밀번호를 쪽지에 적어 지갑 속 새 카드 옆에 꽂아두셨죠.

어머니는 그 뒤로 한 번도 카드를 사용하지 않았습니다. 집안의 돈 관리를 담당한 아버지가 우리에게 필요한 돈을 늘 충분히 준비해두었기 때문이죠. 자연히 현금카드도 까맣게 잊고 있었습니다. 그러던 어느 날 은행에서 전화가 한 통 걸려 왔습니다. 아버지가 전화를 받았는데, 어머니가 몇 주에 걸쳐 인출한 금액이 한도를 초과해 계좌를 정지시키겠다는 통보와 조속히 부채를 갚아달라는 요청이었습니다.

곧이어 어머니 지갑에서 비밀번호가 적힌 쪽지와 현금카드가 사라졌음이 드러났습니다. 어머니는 한 번도 카드를 사용한 적이 없었던지라 분실할 이유도 없었으니 도둑맞았을 가능성이 커 보였습니다. 어머니는 울음을 터뜨렸고 당신의 경솔함을 후회하셨습니다. 그리고 경찰서를 찾아가셨죠.

도둑은 곧 붙잡혔습니다. 어머니가 가르치던 학생이었습니다. 그 아이는 어머니가 자리를 비운 사이 지갑에서 카드와 비밀번호를 훔쳤다고 털어놓았습니다. 남은 돈은 한 푼도 없고, 훔친 돈으로 여행을 가고 집을 빌렸으며 인테리어까지 마쳤다고 했습니다. 여자친구가 임신하는 바람에 가정을 꾸리려 저지른 짓이었다는 겁니다. 당시 어머니의 제자와 그 여자친구는 둘 다 미성년자였습니다.

몇 달이 지나 두 사람에게 선처가 베풀어지리라는 소식이 우리에게 전해졌습니다. 그 청년은 절도범이 분명하지만, 여자친구와 아기를 위해 저지른 일인 만큼 당장 돈을 내놓으라고 강요할 수는 없다는 이유였습니다. 물론 그가 진 빚은 그대로 남아 있고 상황을 봐가며 차차 갚을 테니 그것으로 만족하라는 것입니다.

그로부터 석 달 후, 저는 운전면허시험에 합격했습니다. 그리고 어느 날 밤, 갑자기 정의감에 불탄 아버지가 선포했습니다.

“그 불쌍한 도둑 청년이 아무 처벌도 받지 않고 그런 거액을 훔쳤으니, 나는 그 액수에 맞먹는 차를 우리 아들에게 사주겠다!”

결코 그냥 하는 말이 아니었습니다. 저는 새거나 다름없는 폭스바겐 마이크로버스(미니밴 승합차)를 선물로 받았습니다. 어머니는 감동했고, 아버지는 그런 자신을 자랑스러워했습니다. 집안 분위기도 다시 예전처럼 화기애애해졌습니다.

*

친애하는 미하엘 씨.

아버님의 대응은 정말이지 예상 밖이었습니다. 도둑맞은 돈을 돌려받을 가능성이 희박해진 마당에 남들 같았으면 허리띠를 바짝 졸라매자고 했을 것입니다. 하지만 아버님은 달랐습니다. 오히려 그만큼의 돈을 또 써버렸습니다! 어떤 영감을 받아 일어난 아버님의 충동적 결심은 감정적인 한 수, 불쾌한 일을 빨리 잊고 일상을 제자리로 돌려놓는 창의적 행위였습니다. 어떤 의미에서는 정의의 여신 디케가 든 저울에 손을 얹어 운명을 한 수 앞선 것입니다.

아리스토텔레스는 《니코마코스 윤리학》에서 소득 및 재산과 관련해 '관대함, 후함, 정의'라는 세 가지 덕목을 언급합니다. 그중 정의는 앞의 두 가지와 차이가 있는데, 남에게 빚을 질 때 법의 개입을 허용한다는 점에서 그렇습니다. 다시 말해 관대하거나 후하지 않다고 고소할 수는 없지만 불의에 대해서는 가능하다는 뜻입니다. 그래서 관대함과 후함은 법적으로 보상받기 힘든 모든 유형의 불공정과 그로 인한 자신의 괴로움을 제거하려는 비상 프로그램이라고 볼 수도 있습니다.

미하엘 씨네 가족은 절도범에게 유리한 결정이 내려진 탓에 절도 피해를 보상받지 못했습니다. 오히려 절도범은 훔친 돈으로 가정을 꾸렸죠. 미성년자라는 점과 곧 태어날 아기를 고려할 때 피해자에게 보상하는 일보다 저쪽 사정이 더 중요하다고 법원에서 판단했으니까요. 이로써 전통적 의미의 정의는 사실상 무력화되었습니다. 어쩌면 현대적 형태의 관대함과 후함일 수도 있는, 또 다른 정의가 더 가치 있다고 판단되었기 때문입니다. 다만 우위를 차지한 그 덕목이 초래한 비용을 피해자가 고스란히 떠안아야 한다는 사실은 우려스러운 대목입니다.

미하엘 씨, 이와 비슷한 사례는 늘 있었습니다. 그래서 아리스토텔레스는 추상적이고 절대적인 공정함이자 미덕으로서의 정의인 '디카이오시네'와 법률의 형태로 나타나는 구체적 공정함인 '디카이온'을 구분합니다.

아리스토텔레스에 따르면, 디카이오시네는 지식이나 능력이 아니라 정의로운 능력을 갖추고, 정의롭게 행동하고, 또한 정의롭게 되고자 하는 태도를 말합니다. 디카이오시네는 정의 그 자체를 추구하는데, 이 같은 태도를 갖추려면 법을 아는 것만으로는 부족하고 구체적인 상황에서 공정하게 행동할 줄 알아야 합니다. 이런 태도는 아리스토텔레스 윤리학의 핵심인 끝없는 훈련(실천)을 통해서만 습득할 수 있습니다.

한편, 성문법과 불문법 모두에 해당하는 디카이온은 공정한 태도가 아닌 정의로운 행위만을 요구할 수 있다는 점에서 디카이오시네와 다르다고 아리스토텔레스는 말합니다. 더욱이 법률은 '금지' 자체로 만족할 뿐, 정의로운 태도나 미덕이 지키고자 하는 계율을 염두에 두지 않는다고 합니다.

또한 아리스토텔레스는 법적 정의(디카이온)가 공적 생활에 필수적이며 그 전제 조건이 되는 모든 외적 자산도 대상으로 삼는다고 말합니다. 명예, 즉 관직과 지위, 그리고 소득과 돈, 건강과 안전이 포함됩니다. 어쩌면 법원이 절도범과 그 미래의 가족에 유리한 결정을 내렸을 때 염두에 둔 것은 맨 마지막 사항이었을지도 모릅니다.

공적 분배, 특히 명예와 돈을 분배하는 경우처럼 법적 규제가 있는 분야에서는 항상 자격과 공로에 따른 평가가 필요하다고 아리스토텔레스는 말합니다. 그만한 자격을 갖춘 사람일수록 더 많은 자산을 차지할 권한이 있다는 것이죠.

미하엘 씨, 제가 볼 때 바로 이 점이 부친으로 하여금 자애로우면서도 완전히 비합리적인 행위를 통해 판결을 바로잡도록 하게 한 요인이 되었던 것 같습니다. 원치 않게 자금을 보태준 미하엘 씨 가족보다 도둑이 법적으로 우대받으며 불명한 조건을 내걸어 분할상환토록 한 결정은 수긍하기 힘드셨을 것입니다.

아리스토텔레스의 《니코마코스 윤리학》에는 법적인 요구를 개별 사례에 맞춰 적용할 수 있는 세 가지 덕목이 소개됩니다. '공정함(법률 규정의 적절한 적용), 지혜, 호의'가 바로 그것입니다.

공정함은 판단력을 요구하며 지혜로 보완됩니다. 범법자에게 훔친 돈을 그대로 갖도록 허용한 법관의 결정이 지혜로웠는지는 따로 논하지 않겠습니다. 훔친 돈으로 꾸린 가정이 장차 어떻게 될지는 우리도 모릅니다.

하지만, 미하엘 씨의 이야기를 읽어보면 절도범은 훔친 돈의 아주 일부만 돌려준 모양입니다. 그 돈을 자기 것으로, 심지어 자기 재산처럼 여겼는지도 모릅니다. 그렇다면 당시 재판부의 판결이 교육적으로 유용했는지도 의문입니다.

아리스토텔레스에 따르면 명확한 판단을 내리기 힘들 때, 결국 마지막에 정의감을 충족시키는 것은 호의입니다. 이렇게 본다면 부친은 가족, 특히 당신에게 애정 어린 호의를 보임으로써 정의를 만족시킨 셈입니다.

철학자가 보내준 글을 자세히 읽은 미하엘 씨는 저녁 식사 자리에서 그 말을 꺼낼 때 아버지의 표정이 어땠는지 다시 떠올렸다. 불쑥 떠오른 그 모습은 실상 두 개의 얼굴이었다. 한 얼굴에서는 흥분과 거친 결단력을 읽을 수 있었고, 다른 얼굴에는 당신이 방금 말하고 결정한 것, 계획 없이 입에서 튀어나온 말에 대한 놀라움이 묻어 있었다.

그야말로 깜짝 놀랄 만한 일이었다. 어머니는 눈물을 글썽거렸고 미하엘 씨는 아버지의 말을 차마 믿을 수 없었다. 당시의 젊은 미하엘 씨는 차를 갖게 되리라고는 꿈에도 생각하지 못했다. 아버지도 선뜻 그런 선물을 해줄 만큼 부자가 아니었다. 어쨌거나 뜻밖에 생긴 자동차 덕에 미하엘 씨는 자유라는 멋진 기분을 맛보게 되었다. 미니버스를 몰고 각종 배달 아르바이트를 하며 처음으로 돈을 벌기도 했다. 그렇게 첫 컴퓨터도 장만했다.

생각에 잠긴 채 부엌으로 향한 미하엘 씨는 조금 전 전달받은 식료품을 살펴봤다. 친구 어머니에게 배운 고르메 사브지(Ghormeh Sabzi)라는 이란 전통요리에 쓰일 재료들이다.

중간 크기로 네모나게 자른 양고기를 잘게 썬 양파 두 개와 함께 강한 불로 볶은 다음, 파슬리, 파, 호로파 등이 들어 있는 허브 믹스 통조림을 붓고 젓는다. 잠시 후 물을 붓고 펄펄 끓을 때

카레 가루와 동부콩도 넣어준다. 풍미가 살아나도록 말린 라임을 살짝 부스러뜨려서 넣어서 냄비 뚜껑을 닫은 채 약불로 2시간 동안 끓인다. 콩이 부드럽게 익으면 마지막으로 소금과 후추로 양념한다.

미하엘 씨에게 허브와 라임 향기는 낯선 나라로 여행을 떠난 기분이 들게 한다. 거기에다 접시 가장자리에 얹은 인도 바스마티 쌀의 풍미와 인도식 믹스 피클의 톡 쏘는 맛이 더해졌다. 일단 한 입을 먹은 미하엘 씨는 서둘러 거실로 달려가 평소 즐겨보던 식물도감과 독서대를 가져왔다. 이러면 식사 중에도 혼자가 아니다. 도감은 소코트라섬에 자생하는 식물들의 사진을 모아놓아 아주 두툼하다.

3000만 년 전 육지에서 떨어져나온 소코트라섬은 강력한 계절풍 덕분에 인간의 접근이 어려워 백악기 시대의 식물들이 잘 보존되어 있다. 지구 어디서도 찾아보기 힘든 200종 이상의 고유한 풍토 식물이 이곳에서 발견됐다. 병 모양의 사막 장미인 아데니움 소코트라눔(Adenium socotranum)도 그중 하나인데, 줄기 둘레가 최대 8미터에 달하며 강한 비가 내린 뒤에는 수천 송이 꽃이 활짝 피어난다. 소코트라섬은 다육식물 도르스테니아 기가스(Dorstenia gigas)의 고향이기도 하다. 전설적인 희귀 식물 용혈수(Dracaena cinnabari)도 여기서 자란다. 가장 오래된 개체는 수령이 천 년이 넘고, 거대한 버섯 모양이다. 이 외딴섬에서 아주 오래된 유향나무 숲을 걸을 수도 있다.

식사를 마친 미하엘 씨는 고맙게도 철학자 선생의 아내가 준 약을 먹고는 진하게 끓인 터키식 커피와 식물도감을 들고 위층 다락방으로 올라갔다. 곧바로 모자이크 탁자에 앉은 미하엘 씨는 계속해서 찬찬히 책을 읽어나갔다. 책에는 키난쿰 소코트라눔(Cynanchum socotranum) 사진도 수록되어 있다. 1972년에야 발견된 이 식물은 사르코스테마 소코트라눔(Sarcostemma socotranum)이라는 옛 이름으로 미하엘 씨의 컬렉션 목록에 있다.

화학식을 연상시키는 모양으로 가지를 뻗는 이 기이한 생명체는 언젠가 희귀한 열대 양치류 식물과 맞바꿔 얻은 것이다. 너무

키난쿰 소코트라눔

식물 크기: 20㎝×40㎝

커지지 않도록 벌써 여러 번 가지를 잘라주었다. 잎이 나지 않는 대신 스스로 광합성하는 가늘고 밝은 회록색 줄기에서는 달콤한 향이 나는 갈색 꽃이 가끔 피기도 한다. 이를 보며 미하엘 씨는 키난쿰 소코트라눔이 고향에서 멀리 떨어진 이곳에서도 행복한 삶을 보내고 있음을 알아차렸다.

잘 키우고 있는 걸까?
죄책감

친애하는 철학자 선생님께.

제가 20대 초반일 때 일어난 일입니다. 여전히 겉에 나무판자를 덧댄 전차들이 돌아다녔지만 전차 안에서 차장은 이미 오래전 자취를 감춘 시기였죠. 대신 그 사람들은 역에서 안전 업무를 담당했는데, 승객이 탑승을 마치면 문을 닫고 출발하도록 기관사에게 신호를 보내는 일입니다. 아직도 그날의 기억이 생생합니다. 어느 오후, 저는 차장이 없는 전차에 올라탔습니다. 요즘처럼 문에 감지 센서나 카메라가 달린 시절이 아니라 경고음을 놓치거나 부주의하거나 거동이 느린 승객은 문 틈새에 발이 빠지거나 문 사이에 끼는 위험한 상황이 벌어지곤 합니다. 이 문이 위험하다는 이야기는 이미 널리 퍼져 있었습니다. 제때 몸을 빼내지 못한 승객들이 전차에 끌려가 다치는 사고가 종종 일어났고, 빨간 손잡

이를 잡아당겨 비상제동을 거는 일도 심심치 않게 일어났습니다.

그러던 어느 날, 여덟 살쯤으로 보이는 한 소녀가 전차에 타려는 모습을 목격했습니다. 그런데 그 아이가 차량 손잡이에 손을 대는 순간 갑자기 문이 쾅 닫히며 전차가 움직이기 시작했죠. 아이는 손이 낀 상태로 밖에서 함께 달려야 했습니다. 그러다 푹 쓰러졌고, 문 사이 고무에 낀 손이 아래로 미끄러지는 것이 보이다가 결국에는 그마저도 사라져버렸습니다. 순간 차량 아래쪽에서 덜커덩 소리가 들렸고, 몇 초 후 전차가 멈춰 섰습니다.

이 사고를 목격한 승객은 모두 10명 남짓이었습니다. 문 바로 위에 빨간 손잡이가 달려 있어서 그냥 잡아당기기만 했어도 문은 열렸을 겁니다. 하지만 아무도 나서지 않았던 것이죠. 밖에서 있던 소녀가 눈을 둥그렇게 뜬 채 전차와 같이 달리다가 급기야 바퀴 밑으로 깔리는 모습을 다들 멀뚱멀뚱 바라보기만 한 것입니다. 그 애가 얼마나 오래 끌려갔는지 모르겠습니다. 전차가 10~15미터 정도는 더 달렸던 것 같습니다.

승객들은 일제히 충격을 받았고, 저도 머리털이 쭈뼛 서는 기분이었습니다. 모두가 그 끔찍한 소리를 똑똑히 들었고, 아래쪽 철로에서 뭔가 일이 벌어졌음을 직감했죠. 서로의 눈빛을 통해 너나없이 부끄러움에 휩싸여 있음을 알 수 있었습니다. 아래로 천천히 미끄러지던 조그만 손을 멍하게 바라보던 저 자신을 지금도 똑똑히 기억합니다. 비상제동기를 쳐다봤던 것도 기억합니다.

하지만 그것을 잡아당길 생각은 하지 못했습니다.

잠시 후 문이 열렸습니다. 정류장 모서리와 차량 사이에는 작은 틈만 나 있을 뿐이어서 전차에서 내리는 동안 아무것도 볼 수 없었습니다. 그저 충격에 빠진 채 구급대원들이 도착할 때까지 한동안 그 자리에 서 있었습니다. 이윽고 차량을 들어 올리기 시작하자 저는 얼른 자리를 떴습니다. 현장을 눈으로 보고 싶지 않았습니다. 그 아이가 기적처럼 큰 상처를 입지 않고 무사하다는 소식을 나중에 신문 기사를 통해 접했습니다. 가냘픈 체구 덕에 좁은 틈새 속에서도 날카로운 바퀴에 몸을 다치지 않았다더군요.

미하엘 씨, 의미심장한 경험담을 들려주셔서 감사합니다.

여기서 우리가 던질 수 있는 질문은, 과연 실제로 죄가 될 만한 행동을 했는지, 그 후에 갖게 된 죄책감이 적절한지 아닌지 하는 것입니다.

그때 당신이 받은 인상과 승객들의 눈빛을 생각할 때 뭔가 잘못을 저지른 것은 분명해 보입니다. 어떤 일이 벌어진 직후에 나타나는 수치심이나 후회 같은 양심의 동요는 고백과 비슷한 의미를 지닙니다. 문제는 그 잘못이 어떤 성격을 띠는지, 다른 잘못된 행동들과 어떻게 다른지, 또 전체적으로 어떤 평가를 받을 수 있는지 하는 것입니다.

법적으로 보면 죄라고 할 만한 행위를 찾기 힘듭니다. 범법 행위가 있었다면 당연히 다른 승객들과 함께 법정에 섰겠죠. 하지만 자신의 무죄를 확신하지 못했고, 지금까지도 그렇게 생각하는 내면의 법관이 여전히 살아 있습니다. 철학적으로 볼 때 이런 경우 윤리의 영역에 들어와 있다고 할 수 있습니다.

흔히 '죄'로 번역되는 그리스어 '하마르티아'는 인간의 과오, 즉 규범적 행위와 목적에서 벗어난 것을 가리키는데, 일상이나 도덕적 상황에서 모두 사용할 수 있는 말입니다. 우리가 다트를 던졌을 때 목표를 맞추지 못하거나 대화 중 적절한 단어를 구사하지 못하는 등의 일상적인 실수가 일어나는 까닭은 인간의 본성이 불완전하기 때문입니다. 반면 도덕적 과오는 규범을 해치려는 자발적 의지에서 비롯됩니다. 이 두 가지 모두가 '하마르티아'로 간주됩니다.

철학에서는 죄를 저지르는 이유를 비롯한 갖가지 인간적 과오가 대체 어디에서 비롯되었는지 꾸준히 질문해왔습니다. 소크라테스 이전의 철학자 데모크리토스는 이렇게 답했습니다.

"모든 죄의 원인은 더 나은 것에 대한 무지다."

즉, 죄를 지은 사람은 더 나은 행동이 무엇인지 몰라서 죄를 지었다고 본 것입니다. 이 생각을 이어받은 플라톤은, 스스로 원해서 악한 자는 아무도 없으며 나쁜 줄 알면서도 저지르는 과오는 있을 수 없다는 결론에 이르렀습니다. 그는《티마이오스》에서 다음과 같이 말합니다.

"(…) 고의로 나쁜 사람은 없으며 몸 상태가 좋지 않거나 교육을 제대로 받지 못해 나쁜 사람이 되었을 뿐, 모두에게 미움을 사는 이런 것들은 오직 본의 아니게 생겨난다."

이제 이런 견해를 우리 이야기에 적용해서 '좋지 않은 몸 상태' 또는 '부족한 교육'을 이렇게 해석해보는 것은 어떨까요? 미하엘 씨, 만약 당신이 오랜 시간 의용소방대로 봉사한 경험이 있었다면 상황에 대처하는 능력도 훨씬 뛰어났을 테고, 제때 비상제동기를 잡아당겼을 것입니다. 이런 점에서 보면 "고의로 나쁜" 것은 아니었고 단지 대처 능력이 떨어졌을 뿐입니다. 그럼에도 불구하고 당시 행동은 플라톤의 표현을 빌리자면 미움을 사는 일이었고, 이는 지금도 마찬가지인데, 당신의 의지와 맞지 않는 것이었습니다.

초기 로마법은 '결과책임주의'였습니다. 다시 말해 고의나 과실이 없더라도 자기 행동에 따른 외적인 결과에 완전한 책임을 진다는 뜻입니다. 전설 속 인물인 로마의 두 번째 왕 누마 폼필리우스는 의도적 행위와 비의도적 행위를 '돌루스(악의, 사기, 기만)'에 따라 구분한 최초의 인물로 전해집니다. '돌루스' 개념은 범죄 행위에 책임을 물을 수 있는 행위자, 즉 과실을 범한 사람을 판단하는 대한 전제입니다. 훗날 로마 공화국에서는 '쿨파(과실)'라는 개념이 추가되었는데, 이는 일부러 한 과실과 모르고 저지른 잘못을 모두 뜻하는 말입니다. 그전까지 고대 로마인들은 결과를 모르고 '우연히' 저지른 잘못은 '운명'으로 여겼습니다.

로마 학자들이 기록하고 확인하고 검토한 수천 건의 법률 소송을 통해 로마법은 마침내 '쿨파'를 유죄로 인정했습니다. 누군가의 행위를 비난할 수 있을 때 '쿨파'가 성립합니다. 고의적인 행위는 물론, 의도하지 않은 과실에도 책임을 물을 수 있습니다. 실수로 낸 산불처럼, 신중하게 주의를 기울였으면 막을 수 있었던 위험이나 피해에 대해 배상케 했죠.

중세 최고의 학자였던 토마스 아퀴나스는 과실 문제를 다루면서 '악', '죄악', '죄' 같은 개념들을 구분했습니다. '악'은 행위를 한 당사자나 그의 행동 방식 속에 질서와 형식이 심각하게 모자란 상태를 말하는데, 이 경우 당사자에게 왜 그런 행위를 했느냐 하고 고의성을 묻기가 어렵습니다. 반면 '죄악'은 육체적 결함이나 미숙한 솜씨 또는 윤리적 잘못 등으로 인해 의무적인 질서와 형식을 따를 수 없는 행위들을 말합니다. 아퀴나스에 따르면, 이 경우 고의성이 얼마나 있었느냐가 훨씬 중요해집니다. 이에 비해 '죄'는 행위자가 얼마든지 다르게 행동할 수 있었던 경우에만 나타난다고 합니다. 그의 저서 《악에 대한 토론 문제집》, 일명 《악론》에서 한마디로 정리했습니다.

"그러므로 고의성이 줄면 죄도 줄어든다."

다만 실제 재판에서는 고의성이 얼마나 있었는지 정확히 판단하기 어렵습니다. 그래서 칸트는 《실천이성비판》에서 중요한 판결은 각자의 고유한 양심에 따라 이루어지고, 이는 외부의 어떤 법률보다 훨씬 큰 타격을 준다고 말합니다.

인간은 자신이 저지른 "불법 행위를 의도하지 않은 실수", "피하지 못한 단순한 부주의함", 즉 "필연의 자연스러운 흐름에 휩쓸렸을 뿐이라고 변명하며 얼마든지 사실을 교묘하게 표현해 무죄를 주장할 수도 있다. 하지만 자신에게 유리한 변론을 하는 변호사도 자신 안에 있는 고발자를 결코 침묵하게 만들 수 없음을 알게 된다"라는 것이죠.

이 문제와 관련해 《윤리형이상학 정초》에 나왔던 '내 원칙이 주관적인 동시에 보편적인 법칙이 될 수 있도록 행동하라'라는 칸트의 유명한 문장을 떠올려봅시다. 이를 통해 앞선 이야기에 소개된 행동을 일반화하거나 규칙으로 삼는다는 것은 사실상 불가능함을 쉽게 알 수 있습니다. 예를 들어 아침마다 우유를 마시겠다는 나만의 원칙을 정했다고 가정해봅시다. 이 준칙은 보편적인 규칙이 될 수 있을까요? 세상에는 우유에 알레르기를 일으키는 사람이 있으니 불가능하죠. 이 이야기의 문제는 본보기로 삼을 만한 행동 원칙 없이 자기 능력을 벗어나는 상황과 맞닥뜨렸다는 점뿐입니다. 더 빨리 상황에 대처했더라면 하는 아쉬움은 여전히 남습니다. 이런 일이 일어나기 전에 의용소방대에서 훈련받았더라면 더할 수 없이 좋았을 것입니다. 다른 대처를 했더라면 남들에게도 인정받고 스스로도 후회가 없었겠지요.

다만, 그것이 과연 가능했을까요? 자유의지는 환상이라고 한 쇼펜하우어의 철학을 따른다면 그 질문에 '아니오'라고 답해야 할 것입니다. 중요한 것은 바로 그 순간에 의지를 사로잡는 막강한 동기라고 쇼펜하우어는 말합니다. 당시 상황에서 보자면 막강한 동기는 눈앞에 펼쳐진 사고의 긴박함입니다. 《의지의 자유에 관하여》를 통해 쇼펜하우어의 말을 직접 들어봅시다.

"나는 내가 원하는 것을 할 수 있고, 원한다면 내가 가진 모든 것을 가난한 이들에게 나눠주어 대단한 사람이 될 수도 있다. 내가 원한다면 말이다! 하지만 나는 원할 수 없다. 그와 반대되는 동기가 내게 너무 큰 위력을 발휘하고 있기 때문이다."

물론 이것이 변명이 될 수는 없겠지만 적어도 하나의 설명이 될 수는 있습니다.

아무튼 당신이 그 사건을 떠올리며 글을 썼다는 사실은 이 문제를 두고 여전히 양심의 가책에 시달리고 있음을 보여줍니다. 죄책감은 사라지지 않았습니다. 다만 그것이 어떤 성격의 죄책감인가 하는 점이 중요합니다.

프로이트의 심층심리학에서는 정상적인 죄책감과 병적 죄책감을 구분합니다. 《자아와 이드》를 살펴봅시다.

"정상적이고 의식적인 죄책감(양심)을 해석하는 일은 어렵지 않다. 그것은 자아이상(이상적인 자아상)이 자아를 비판하는 표현이며, 그 바탕에는 자아와 자아이상 간의 긴장 관계가 깔려 있다. (…) 강박신경증(특정 형태의 강박신경증)의 경우 죄책감이 아주 심하며 스스로를 정당화하지 못한다. 그래서 환자의 자아는 죄가 있다는 강요(죄책감)에 반발하면서 의사에게 그 죄책감을 거부하는 자신을 지지해달라고 요구한다."

억압되어 있던 축구장 사건과 달리, 이번 일에서 당신이 느끼는 죄책감은 억압되지 않은 의식적인 죄책감으로 보입니다. 보내준 글을 읽어보면 죄책감을 극구 부인하는 현상도 보이지 않습니다. 오래전부터 그 사건을 또렷이 기억하고 있고, "자아와 자아이상 간의 긴장"이 해소된 적도 없습니다. 곧 지금까지 줄곧 도덕적으로 예민한 상태였다는 뜻입니다. 그런 당신께 마르틴 부버가 에세이 〈죄와 죄책감〉에 남긴 한 마디를 보내드립니다. 그는 '인간의 위대함은 그들의 불행과 연결되어 있다'는 파스칼이 말을 인용한 뒤 아래와 같이 이어갑니다.

"인간은 죄를 지을 수 있는 존재이면서 자신의 죄를 밝힐 줄 아는 존재이기도 합니다."

전차 사고가 일어났을 때 미하엘 씨가 느꼈던 관음증적 태도, 즉 보고자 하는 강박적 충동도 그동안 마음을 편치 못하게 한 요인 중 하나였다. 당시 그의 내면에는 어떤 일이 벌어졌나? 사실 아무 일도 없었다. 그는 사건을 목격한 눈에 불과했고, 아이는 피해자였다. 사고 직후 머릿속에서는 절대 잊을 수 없는 핏빛 이미지가 떠올랐다. 마치 영화의 한 장면처럼 자꾸만 나타났다.

"공포…."

프랜시스 포드 코폴라 감독의 영화 〈지옥의 묵시록〉에서 말론 브란도가 연기한 월터 커츠가 마지막으로 남긴 말이다. 으스스한 마지막 장면과 끔찍한 정글 분위기를 생각하자 미하엘 씨는 전차 사고로 재차 마음이 크게 동요하는 것을 느꼈다.

그는 탄식과 함께 몸을 일으켜 책장 쪽으로 향했다. 마음을 진정시키고 싶었던 미하엘 씨는 저녁에 읽으려고 조지프 콘래드의 소설 《어둠의 심연》을 꺼내 들었다. 엔딩 크레디트를 통해 〈지옥의 묵시록〉이 1902년에 나온 이 소설을 바탕으로 만든 것임을 알고 곧바로 산 것이다. 열대의 무더위, 광기, 집단 학살…. 영화에서는 도어스의 리드보컬 짐 모리슨이 〈The End〉를 노래했다.

"이게 끝이야, 아름다운 친구여, 끝이야."

얼마 전까지 쫓아다닌 공포, 그것을 영화의 한 장면처럼 떠올리자 순간 홀연히 사라져버렸다. 마음을 가라앉힌 미하엘 씨는 저녁에 읽을 책 생각에 설레었다.

커다란 초콜릿 한 조각과 바나나 두 개, 약까지 챙겨 먹은 미하엘 씨는 식물방으로 올라갔다. 오늘은 화분 몇 개를 분갈이하기로 마음먹었다. 최대 3~4년이 지나면 배양토의 지력이 다하여 분갈이가 필수다. 그러려면 일단 선반에 놓인 유리병들에 첨가물질을 다시 채워 넣어야 했다. 민감한 식물도 무기질 및 바이오물질을 흙에 조금만 섞으면 꽃을 풍성하게 피울 수 있다.

분갈이는 성장기 직전이나 초기 단계에 해주는 것이 바람직하다. 그래야 뿌리가 빨리 복구된다. 그런데 너무 예민한 나머지 옮겨심지 않는 게 더 나은 식물도 있다. 희귀 식물인 웰위치아 미라빌리스(Welwitschia mirabilis)는 너무 작은 화분에서 키우면 잘 죽기 때문에 처음부터 큰 화분을 고르는 것이 좋다. 대부분 식물은 널찍한 실내 모판에 이식해 마음대로 뿌리를 뻗도록 해야 결과가 좋다. 그러려면 제대로 된 온실이 필요한데, 미하엘 씨의 다락방에서는 엄두도 못 낼 일이었다.

마침 산세베리아 키르키(Sansevieria kirkii)가 눈에 띄었다. 가장 오랫동안 한 화분에서 키운 다육식물 중 하나다. 산세베리아에 속하는 다른 식물들처럼 녀석도 비좁은 공간에 뿌리를 내릴 때 훨씬 발육이 좋았다. 특히 새로운 잎이 돋아나는 땅 밑 뿌리줄기는 시간이 지나면서 점점 거대해져 두꺼운 토분은 물론이고 유약을 바른 분재 화분까지 깨뜨리는 일이 종종 있다.

미하엘 씨는 산세베리아 키르키를 볼 때마다 그 무게에 놀랐다. 그가 보유한 식물 중 크기 대비 단연 가장 무거운 녀석이다. 성장 과정에서 보이는 행태도 특이했다. 드물게 새잎이 날 때는 일주일이나 2주일 정도 걸린다. 그런 다음에는 보통 1년 내내 어떤 변화도 감지하기가 힘들다.

산세베리아 키르키의 고향은 대부분 아열대나 열대 기후다. 그래서 미하엘 씨는 녀석들이 겨울에도 춥지 않도록 신경을 써야 했다. 그의 산세베리아 키르키들은 15년에서 18년 정도 된 것으로 크기도 비교적 작았다. 자연에서 자랐다면 잎 길이가 2미터를 넘고 굵기도 팔뚝만 해졌을 것이다. 미하엘 씨는 녀석들을 한참을 멍하니 바라보았다. 그러고는 분갈이 작업에 나섰다. 모두 33개에 달하는 식물에게 무기질이 충분히 섞여 있는 신선한 배양토를 제공했다. 이제 앞으로 몇 년은 문제없이 지낼 수 있다.

날이 어둑해지자 미하엘 씨는 손에 묻은 먼지를 털고 아래층 거실로 내려가 팔걸이의자에 몸을 묻었다. 《어둠의 심연》이 미하엘 씨를 기다리고 있었다. 잠자러 가기 전 냉장고에 라임이 하나밖에 남지 않았다는 사실이 떠오른 미하엘 씨는 친절한 대학생에게 문자 메시지를 보냈다. 벌써 다음 날 쓸 이야기가 머릿속에 떠올랐고, 라임즙을 넣지 않은 홍차란 상상할 수 없었다.

가지가 뻗어나가는 곳,
고향

철학자 선생님, 제가 서른 살이 되기 전에 만난 한 사람에 대한 이야기입니다.

동창생 하나가 재치 있고 똑똑한 사람이라며 자기 이웃을 소개했습니다. 우리는 이야기를 나누자마자 서로가 상대방의 전문 분야에 큰 관심이 있음을 알게 되었죠. 호기심 많던 그 남자는 컴퓨터와 기계언어 세계를 속속들이 알고 싶어 했습니다. 고대 세계 전문가였던 그는 라틴어를 말하고 쓸 줄 아는 데다 고대 그리스어, 히브리어, 심지어 산스크리트어에도 해박했고요.

호감을 느낀 우리는 자주 대화를 나누며 서로 많은 것을 배웠습니다. 걸어 다니는 백과사전처럼 수천 년의 정신 유산을 머릿속에 간직한 그의 이야기를 듣는 일은 큰 즐거움이었습니다. 그 친구 또한 제가 들려주는 기술 분야에 귀를 기울이며 자기만의 공상 세계로 빠져들었습니다. 물론 처음에는 그의 이런 모습을 이해하기가 힘들었죠.

우리는 도시의 지하 아케이드 공중화장실 바로 옆에 붙어 있는 그 친구 일터에서 대화를 나누곤 했습니다. 그 친구는 작은 방에 놓인 테이블 앞에 앉아 에스컬레이터를 비추는 여러 대의 CCTV를 감시하는 일을 했는데, 근무 시간은 저녁 6시부터 다음 날 아침 6시까지 총 12시간이었죠. 저는 일주일에 한 차례, 저녁 9시쯤 방문해 자정까지 머무르곤 했습니다.

그에게 그동안 개발한 제품들을 자세히 설명했고, 이 경험은 훗날 고객을 응대할 때 큰 도움이 되었습니다. 이해가 빨랐던 친구가 뜻밖의 질문들을 던지며 제가 새로운 해결책을 찾게 이끄는 경우도 적지 않았습니다. 이따금 유명한 책에서 몇몇 구절을 읊으며 흥미로운 설명을 들려주기도 하고 저를 웃기기도 했죠. 그러면서 우리의 우정도 더욱 깊어졌습니다.

이따금 그 친구는 엉뚱한 주장을 내세울 때도 있었는데 한번은 생물학, 그러니까 생명에 논리적 오류가 있다고 말하기도 했습니다. 1 더하기 1은 2라는 결과는 논리적이고 명확하지만, 생물학의 경우에는 뭔가가 잘못되었다는 것입니다. 생물학에서는 1(남자) 더하기 1(여자)이 3이라는 결과를 내놓는데, 이는 논리적으로 틀린 것이며 모든 불행의 씨앗이 된다고 주장했습니다. 그러면서 이런 오류를 방조하기 싫어 자기는 절대 아버지가 될 생각이 없다고 했습니다. 이런 소리를 들을 때마다 저는 어리둥절했고, 그런 말을 하는 그 친구는 가쁜 숨을 내쉬며 얼굴이 벌겋게 달아오르곤 했습니다.

나중에 자신이 살아온 이야기도 들려주었습니다. 특히 병에 걸렸는데도 병원을 찾지 않았던 최근 몇 년간의 일을 털어놓았죠. 결국 은둔 생활에 들어간 그 친구는 누구도 만나려 하지 않았습니다. 편지를 두 번이나 보냈지만 아무런 답장도 없었습니다. 그리고 그의 부음과 함께 죽은 뒤 몇 주가 지나서야 발견되었다는 이야기를 전해 들었습니다. 비통한 심정으로 장례식에 참석한 다음 그를 소개해준 친구와 함께 그 남자의 평탄치 않은 삶의 조각들을 하나하나 맞춰보았습니다.

죽은 친구의 아버지는 학식이 높은 시인이었는데, 고향에서 추방당했습니다. 남은 가족을 데리고 뒤따라오려 했던 어머니는 태어난 지 1년도 안 된 막내아들을 친한 부부에게 맡겼습니다. 몇 년이 지나서 친부모가 있는 곳으로 갈 수 있었지만, 부모는 완전히 낯선 사람이 되어 있었습니다. 그분들은 아들을 가장 좋은 학교에 다니게 했고, 나중에는 예전 고향으로 보내 그가 원하는 대로 고대 그리스어와 라틴어를 전공할 수 있도록 했습니다. 이 기간에 그 친구는 2년간 군에 복무하면서 분쟁 지역의 소탕 작전에 참여하기도 했습니다.

학업을 마칠 무렵, 동급생 중 성적이 가장 뛰어났던 그는 예수회 사제들에 의해 로마 바티칸 대학으로 보내졌고, 거기서 미래의 고위 성직자들과 함께 최고의 교육을 받으며 상당한 장학금을 받는 혜택도 누렸죠. 하지만 서품식 직전, 오랜 시간 분에 넘치는 삶을 살던 친구는 갑자기 자신이 없어졌습니다. 어쩌면 믿음마저 사라졌는지 모릅니다. 결국 고국으로 되돌아갔고, 당국은 그의 여권을 압수하고 전쟁터로 보내려 했습니다. 곧장 달아난 친구는 여러 국경을 넘었다고 합니다.

9개월 뒤, 경찰의 부랑자 단속에 걸린 친구는 난민 수용소로 보내졌다가 1년 반 후에 망명 허가를 받고 공장에서 일하기 시작했습니다. 화물차 배터리를 교환하는 일이었는데, 창 하나 없는 방에 침대를 놓고 생활했답니다. 그러면서 틈틈이 지역 대학의 수업을 들었습니다. 대학에서는 그를 두 팔 벌려 환영했습니다. 반년 뒤에는 벌써 고전어문학과 교수와 일요일 점심 식사를 함께 할 정도가 되었고, 언젠가 당연히 교수의 뒤를 이을 것으로 보였습니다. 이제 박사학위 논문을 제출하는 일만 남았죠.

그 친구는 이미 논문을 완성해 서랍 속에 넣어두었습니다. 하지만 영영 제출하지 않았습니다. 대신 야간 경비원으로 취직했고, 훗날 자주 털어놓았듯, 거기서 마침내 마음의 평화를 찾았습니다. 다만 무료함을 느끼던 차에 저와의 만남에 큰 기대를 걸었다고 합니다. 안구가 곪는 증상인 화농증에 걸린 그 친구는 자기의 죽음에 대해 자주 언급하곤 했습니다. 친구들이 병원에 가서 치료받으라고 해도 말을 듣지 않았습니다. 마지막 만남에서 그 친구는 "1 빼기 1은 0"이라고 말했습니다. 그것이야말로 논리에 맞는 분명한 사실이라고 했죠.

*

친애하는 미하엘 씨.

친구분이 했던 '엉뚱한 주장'이란 삶에 대한 극단적 거부였습니다. 그 결과는 외로운 고독사였죠. 어디서 그런 생각이 나왔는지는 추측만 할 수 있을 뿐입니다. 하지만 그 남자의 유년기에서 비롯되었다고 가정할 만한 근거는 있습니다.

친구는 처음부터 고향이 없었습니다. 자신만의 친밀한 세상이 없었던 거죠. 어디에서도 뿌리를 내릴 수 없었고, 가는 곳마다 낯선 감정을 느꼈습니다. 태어난 첫해에 곧바로 어머니와 헤어진 탓에 기본적인 신뢰를 형성하지 못했고, 자연히 평생 힘이 되어 주고 자양분 역할을 할 만한 어떤 유대 관계도 맺지 못했습니다. 고전어는 그의 뛰어난 두뇌에 훌륭한 자극제가 되었을지 모르나 아무런 행복감도, 의미도 주지 못했습니다. 미국 정신분석학자 에릭 에릭슨의 발달심리학에 따르면, 삶의 기반이 되는 기본적 신뢰를 형성하지 못하는 일이야말로 인간에게 닥칠 수 있는 최악의 상황입니다. 그로 인한 결과는 회의, 죄의식과 열등감, 고립,

침체감, 그리고 성인기에 찾아오는 절망감입니다.

타고난 재능을 바탕으로 주교나 대학교수가 될 수도 있었지만, 친구는 거기서 아무런 의미도 찾지 못하고 재능을 썩혔습니다. 대신 은둔하면서 목적 없이 되는 대로 삶을 살았고, 마침내 죽음이 찾아왔을 때는 이를 피하지 않고 오히려 안도하며 반가이 맞이했습니다. 그런 상황에서 아무런 도움이 되지 못하는 것만큼 고통스러운 일도 없을 것입니다.

이 세상에 태어나 어디서도 받아들여지지 못한 사람은 어디든 제대로 적응해서 마음 편히 살기가 힘듭니다. 깊은 차원의 의미로 고향이란 스스로 만들어내야 하는 무언가입니다. 안타깝게도 친구는 그럴 만한 여력이 없었습니다. 그의 높은 학식과 풍부한 재능은 어디서도 뿌리내릴 곳을 찾지 못했습니다.

요한 하인리히 페스탈로치는 1779년 쓴 《은자의 황혼》에서 다음과 같이 말했습니다.

"인간이 자신의 처지에 알맞은 축복을 누리는 데 필요한 지식의 범위는 좁다. 이 범위는 그의 주위, 그의 본질, 그리고 가장 가까운 관계에서부터 시작해 점차 확장되어간다. 그러므로 지식의 범위가 확장되는 매 순간에도 진리의 온갖 신통력이 모여 있는 이 중심점을 놓쳐서는 안 된다. 순수한 진리 감각은 좁은 범위 속에서 형성된다. 그리고 순수한 인간의 지혜는 자기와 가장 가까운 관계에 있는 것에 대한 지식, 자기에게 가장 가까운 일들을 능숙하게 처리하는 능력이라는 확고한 기초를 바탕으로 한다.”

부랑아들에게 보금자리를 제공하고 교육시킨 근대 교육학의 아버지 페스탈로치는 지난 경험을 통해 모든 “진리 감각”과 “인간의 지혜”가 “가장 가까운 관계” 속에서 시작됨을 깨달았습니다. 부모님의 애정이 넘치는 품과 어진 신중함, 가정, 친지, 이웃 등을 포함하는 이 작고 좁으면서 친밀한 범위가 모든 의미 있는 지식의 중심이자 기준이라는 것입니다. 거기서 비로소 “인간이 자신의 처지에 알맞은 복을 누리는 데 필요한 지식의 범위”가 세상을 향해 펼쳐질 수 있습니다.

페스탈로치에 따르면 이 중심에서 진리를 맞아들인 지식은 피상적으로 지식이 떠들어대는, 이른바 진리라는 것보다 훨씬 더 값진 것입니다. 뒤늦게 얻은 탓에 중심이 없는 피상적 지식은 어디에도 의미 있게 귀속되지 못하는 탓에 “축복”의 힘을 가질 수 없습니다. “가장 가까운 관계”가 없는 추상적인 지식 덩어리는 개개인의 세계와 아무런 연관이 없습니다. 지식은 바로 이 같은 연관을 통해서만 비로소 인격 형성의 밑거름이 됩니다.

개개인의 세계는 하나의 중심을 기준으로 삶의 범위가 여러 원으로 퍼져가는 모습에 비유할 수 있습니다. 동심원입니다. 가장 안쪽은 가족이라는 가장 작고 친밀한 관계에 해당하죠. 미하엘 씨, 그 친구는 긍정적인 가족 관계를 경험해보지 못했습니다. 직업적 삶이라는 더 큰 범위에서도 성공적이지 못했습니다. 그가 속했던 국가라는 거대한 범위는 일찍이 그의 부친을 추방했고, 친구 자신은 전쟁터로 보내려 했기에 결국 거기서 도망쳐야 했습니다. 게다가 신앙이라는 범위는 바티칸에서 공부하던 시절에 사라져버렸습니다. 결국 그는 모든 것을 잃었습니다. 아니 얻은 게 아무것도 없다고 말하는 편이 더 옳을지도 모릅니다. 그가 가진 모든 지식과 그동안의 노력은 물거품이 되었습니다. 그 친구 역시 이 점을 잘 알고 있었고 거기에 절망했을 것입니다.

그 비극적 삶 앞에서 저 또한 몹시 안타까움을 느낍니다. 그렇지만 비관에 빠지지 않고 다시 의지를 세우려면 지금 우리 두 사람에게 희망의 빛이 절실히 필요합니다.

동심원을 묘사한 시 한 편을 소개합니다.

> 나는 사물들 위로 펼쳐지는,
> 점점 자라나는 동심원 속에서 내 삶을 살아간다.
>
> 어쩌면 마지막 원을 완성하지는 못하겠지만
> 그 노력을 멈추지는 않으리라.
>
> 나는 신 주위를, 태곳적 탑 주위를 맴돌고 있다.
> 수천 년을 맴돌고 있다.
> 나는 아직도 모르겠다. 내가 한 마리 매인지, 폭풍인지

아니면 위대한 노래인지.

-라이너 마리아 릴케, 《기도시집》, 제1부 '수도자의 생활에 관하여' 중에서

미하엘 씨의 친구가 세상을 떠난 지 벌써 수십 년이 되어가지만, 어제 오전 그를 추억하는 글을 쓰면서 다시금 그 모습이 생생하게 떠올랐다. 대화할 때의 활달한 몸짓, 정신 산만한 대학교수의 캐리커처 같은 쭈뼛 선 백발이 눈에 선했다. 두 사람은 얼마나 자주 신과 세상을 놀려대며 웃었던가. 바티칸 수학 시절 알게 된 수백 가지의 종교 관련 유머를 들려주며 정작 그 친구는 혼자서 가장 많이 껄껄 웃었다. 그럼 미하엘 씨도 따라 웃지 않을 수 없었다. 그런 친구의 비극적인 최후를 받아들이기란 쉽지 않은 일이었다.

미하엘 씨는 자기 인생의 끝도 받아들이기 힘들었다. 이 점에서 그는 릴케의 '자라나는 동심원' 이미지에 전적으로 공감했다.

'나도 마지막 동심원을 완성할 수 있을까?'

그러려면 그 마지막 원이 뭔지 알아야 했다. 잘 자란 키포스테마 우터(Cyphostemma uter), 아니면 도르스테니아 기가스 불라타(Dorstenia gigas f. bullata)를 기르는 것일까? 아니면 웰위치아 미라빌리스 암수 식물을 동시에 꽃 피우는 것일까? 꿈의 대상이 될 만한 것은 많았다.

하지만 미하엘 씨가 바라는 것은 그런 개개의 식물이 아니다. 오래전부터 배고픈 매처럼 그 주위를 맴돈 태곳적 탑은 회사를 운영할 때부터 꿈꾸어온 거대한 온실, 오직 그것 하나다. 미하엘 씨가 원하는 것은 거기서 자기 식물들이 가장 이상적인 형태로 자라도록 가꾸는 것이다. 마음껏 꽃을 피우고 열매와 씨앗을 맺고, 모양과 빛깔이 완벽하고 고유의 특성을 고스란히 내보이는 식물을 기르고 싶었다. 진짜 온실은 그 무엇으로도 대신할 수가 없다. 자유롭게 심을 수 있는 실내 텃밭을 만들어도 소용없다.

무거운 한숨을 내쉬며 미하엘 씨는 플로라 여신을 향해 자비를 청하는 기도를 보내며 약을 삼켰다. 그러자 유쾌한 두 녀석이 눈에 들어왔다. 그것은 그의 식물 중 가장 오래된 것으로 다락방에서 더할 나위 없이 잘 자라준 녀석들이다. 자연에서 포케아 에둘리스(Fockea edulis)의 줄기는 지름이 최대 60센티미터까지 자라고, 식물 무게도 25킬로그램에 육박한다. 공간이 부족한 만큼 무한정 자라나는 것을 막으려면 필수적으로 2년마다 가지치기를 해야 한다.

포케아 에둘리스. 정확히는 포케아 크리스파(Fockea crispa)의 변종으로 잎의 모양만 다르다. 아무튼 포케아 크리스파는 전 세계적으로 유명한 식물이다. 그중 하나인 일명 '쇤브룬의 노부인'이 세계에서 가장 오래된 분재 식물이라는 사실이 밝혀졌기 때문이다. 이런 사실을 미하엘 씨는 다육식물 전문잡지 〈아보니아〉에서 읽었다.

1785년 황제 요제프 2세는 당시 세계 최대 식물원이던 쇤브룬

포케아 에둘리스

화분 지름: 16㎝

왕궁의 부속 정원에서 일하는 보조 원예가 두 명을 희망봉으로 파견해 식물 수집을 지시했다. 거기서 이들은 지름이 30센티미터이고 나이가 이백 살로 추정되는 이 식물을 땅에서 파냈다. 그리고 다른 새로운 식물들과 함께 배편으로 이탈리아 트리에스테로 보낸 뒤 다시 마차로 빈까지 운반했다. 이들은 자연에서는 완전히 땅 밑에서 자라는 이 식물의 줄기를 아래쪽 절반만 흙 속에 파묻었다. 다행이었다. 그렇지 않았더라면 낯선 기후에서 몇 년을 못 가 썩어버렸을 것이다. 덕분에 녀석은 훌륭하게 성장했고, 부피도 빠르게 커졌다.

수백 년 동안 사람들은 그 식물을 해당 종의 유일한 개체로 여겼다. 당시 포케아 카펜시스(Fockea capensis)로 불리던 녀석은 꽃을 피우기는 했지만 씨를 맺지 않고 번식도 하지 않은 데다, 동종 식물이 더 이상 발견되지 않았던 탓에 멸종된 식물종의 마지막 개체로 여겨진 것이다. 그런 만큼 각별히 주의를 기울여 보살폈고, 10년에 한 번씩만 화분을 갈아주었다. 그 희귀성 덕분에 녀석은 파리 만국박람회와 1905년 빈에서 열린 식물학 대회에 전시되어 사람들의 찬탄을 불러일으켰다.

그런데 1년 뒤 독일 식물학자가 같은 종류의 식물을 발견하면서 홀로 남은 식물이 아니었음이 확인되었다. 그렇게 발견된 다수의 개체가 독일로 보내지면서, 어느덧 포케아 크리스파로 개명된 포케아 카펜시스가 양성식물이라 단독 번식할 수 없음이 밝혀졌다. 1936년 새롭게 알려진 또 다른 기묘한 사실은, 같은 종의 아주 오래된 개체가 옛 괴팅겐 식물원에서도 자라고 있었다는 것이다. 단지 완전히 다른 이름이 붙어 있었다.

어쨌든 '쇤브룬의 노부인'은 두 차례의 세계대전으로 곳곳이 파괴된 와중에도 무사히 살아남았다. 1968년에는 빈 출신의 솜씨 좋은 정원사 손에 들어갔고, 그가 마침내 기적을 일구어냈다. 그 귀한 식물을 아주 양질의 배양토에 심었는데, 일부러 여러 식물원에서 골라온 두 암수 개체 사이에 놓아둔 것이다. 1972년 정원사는 처음으로 꼬투리 형태의 열매 세 알을 수확할 수 있었다. 그리고 이 열매를 같은 해 7월에 파종하자 싹이 얼른 자라났다. 올해는 여기서 자란 식물이 어느덧 쉰 살이 된 해였다.

이 진기한 이야기에 감동한 미하엘 씨는 자신이 보유한 두 개체의 아름다운 자태를 바라보았다. 더없이 이상적인 모습이었다. 나이가 20년 정도 된 두 식물은 최상의 컨디션이었다.

포케아 나탈렌시스
식물 높이: 18㎝

바로 옆에는 친척뻘로 좀 더 어린 포

케아 나탈렌시스(Fockea natalensis)가 있었다. 역시 미하엘 씨가 좋아하는 식물이다. 옛 명칭이 바뀌면서 페토펜시아속으로 분류된 것이 불과 몇 년 전이었다. 포케아 에둘리스보다 잎이 3배는 족히 더 크고 잎 아래쪽이 붉게 물들어 있었지만, '쇤브룬의 노부인'과 가까운 친척임을 알아차리기는 어렵지 않다.

병에 든 볼로네즈 소스로 간단하게 만든 스파게티로 저녁을 차려 먹은 미하엘 씨는 오늘따라 일찍 침대에 누웠다. 친구의 삶을 생각하니 여전히 마음이 무거웠다. 제발 병원에 가보라는 말을 못 해도 스무 번은 했을 것이다. 마지막에는 울화가 치밀어 고함까지 질렀다. 하지만 친구는 조용히 옅은 웃음만 지을 뿐이었다.

충실함이 주는 명예,
신의성실의 원칙

철학자 선생님, 이건 회사가 처음 큰 사무실로 이사 갔던 무렵입니다.

손상되기 쉬운 무거운 컴퓨터며 하드디스크도 꼼꼼히 포장해 멀리 운반해야 했습니다. 며칠간 온종일 이사 준비에 매달리다시피 하다 어느 오후 겨우 한숨 돌릴 여유를 가졌습니다. 기적처럼 모든 짐이 파손 없이 무사히 도착했습니다.

새로 둥지를 튼 멋진 동네는 상점과 카페가 즐비한 곳으로 유명했습니다. 이곳을 소문으로만 알았을 뿐인 저는 사무실을 나와서 처음으로 산책에 나섰죠. 한 가게 진열창에서 화려한 테두리 술 장식이 달린 카펫이 눈에 띄었습니다. 여태껏 본 적이 없는, 광채 나는 빛깔을 띤 카펫은 그리 크지는 않았지만 두툼하니 견고해 보였습니다. "천연색, 골동품"이라는 문구가 설명란에 적혀 있었죠. 그 멋진 카펫이 탐났습니다.

가격을 묻자 나이 든 한 남자가 친절하게 맞아주며 의자를 권하더니 어디론가 사라졌습니다. 잠시 후 되돌아온 남자는 상품 목록을 한참 들여다보았죠. 마침내 남자가 알려준 가격이 꽤나 저렴하게 들렸습니다. 저는 그 훌륭한 카펫을 오랫동안 만져보며 연신 감탄했고, 마침내 우리는 따뜻한 악수를 나누며 돈은 내일 이 무렵에 갖다주겠다고 약속하고 거래를 마쳤습니다.

다음 날 제 앞에 나타난 사람은 어제 그 남자가 아니었습니다. 지폐를 내밀자 그의 얼굴이 괴롭게 일그러졌습니다. "어이구" 소리를 내며 어제 자기가 병원에 가지 말았어야 했다며 투덜대기 시작했죠. 남자는 친구한테 가게를 봐달라고 괜히 부탁했다고 후회했습니다. 그의 친구가 어제 제게 팔았던 카펫은 최고급 상품으로, 자기가 3배 가까이 더 비싸게 샀던 것이라더군요. 그러면서 정말 재수 없는 날이었다고 탄식했습니다.

그런데 잠시 말이 없던 남자가 나직한 목소리로 저를 행운아라고 불렀습니다. 악수와 함께 거래가 완료되었으니 이제 카펫은 어제 약속한 가격으로 제 것이 되었다는 것입니다. 거래를 되돌리는 일은 없다고 했습니다. 그는 당황한 저를 보며 웃음 짓고는 뒤편 사무실로 가자고 했습니다. 거기서 갈색 설탕과 함께 진한 홍차를 한 잔 권했습니다. 그러면서 자기 나라 사진이 담긴 책자들을 꺼내 보여주었죠.

이윽고 우리는 따뜻하지만 진지한 표정으로 작별 인사를 나누었습니다. 착한 사내의 얼굴은 거래에서 입은 손해 탓인지 여전히 어두워 보였습니다. 당연히 금전적으로 타격이 컸을 겁니다. 그렇지만 카펫을 끈으로 묶어 제 어깨에 얹어주는 그 표정에서 자신이 내린 결정에 후회가 없음을 읽을 수 있었습니다. 그로서는 그것만이 이 문제에 대처하는 유일한 방법이었죠. 곧장 사무실로 돌아온 저는 그렇게 얻어온 카펫을 바닥에 펼쳤습니다. 뭔가 중요한 교훈을 얻은 기분이 들었습니다.

친애하는 미하엘 씨, 귀한 이야기를 들려주셔서 감사합니다!

'팍타 순트 세르반다(계약은 지켜야 한다)'라는 라틴어 법 격언이 있습니다. 비록 악수로 맺어진 계약일지라도 예외가 아닙니다. 계약상 신의성실의 원칙은 현재까지도 계약법상 가장 중요한 원칙으로 남아 있습니다. 물론 가게 주인은 얼마든지 곤란한 상황에서 빠져나올 수 있었을 것입니다. 그럼 당신은 실망이 컸겠지만 주인으로서는 애먹을 일이 없었겠죠. 하지만 가게 주인은 자신의 직업정신, 상인으로서 명예에 부합하는 원칙을 깨는 대신 손해를 감수하는 쪽을 택했습니다.

고대 그리스어 '피스티스'는 사람 간에 맺은, 반드시 지켜야 할

동맹에 충실함을 뜻합니다. 고대 로마 시대에는 이에 상응하는 단어로 신뢰를 뜻하는 '피데스'를 사용했습니다. 약속, 서약, 계약 및 모든 유형의 합의나 의무에 대한 충실을 가리키는 말입니다. 로마의 가장 유명한 연설가였던 키케로는 《의무론》에서 "정의의 기초는 신의, 즉 말한 것과 합의한 것에 대한 한결같음과 진실성이다"라고 말한 바 있습니다.

로마인들은 로마 신화에 등장하는 약속의 여신 '피데스'에 바치는 신전을 카피톨리움 언덕에 세우기도 했는데, 원로원 회의가 자주 열렸던 이곳 벽에는 다른 나라와 맺은 조약문이 적혀 있었습니다. 피데스 여신은 서약과 계약의 보증인으로, 공적으로도 사적으로도 생활에서 중요한 역할을 했습니다. 동전에 자주 새겨진 이유도 그 때문이었습니다.

나중에 '피데스'는 '보나 피데스(신의성실)'라는 이름으로 로마법의 중요한 원칙이 되었습니다. 이는 법적 거래에서 정직한, 일반적으로는 신실하고 바른 행위를 의미하죠. 이에 키케로는 당시 상황과 연결해 아래처럼 정리했습니다.

"누가 '올바른' 사람이고, 무엇이 '올바르다'라는 것인지 묻는 것이야말로 중요하다. 대사제 퀸투스 스카이볼라는 문서에 '선한 신의에 입각하여'라는 말이 첨가됨으로써 최고의 중요성이 부여되었다고 거듭 말한 바 있다. 또 그의 확신에 따르면, '선한 신의에 입각하여'라는 개념은 아주 광범위한 의미로, 후견 계약 및 그

밖의 합의, 신탁 계약, 주문, 매매 및 임대차 계약 등 공동체가 일상을 살아가는 데 의존하는 모든 계약에서 중요하기 때문이다."

고대 로마의 '보나 피데스' 원칙은 '신의성실의 원칙(good faith)'이라는 이름으로 현재까지도 남아 있습니다. 이 원칙은 약속할 때 반드시 적용해야 할 법 원칙으로 꼽힙니다. 자유의지와 상호 신뢰 속에 맺은, 다시 말해 '신의와 성실' 속에 이루어진 약속은 계약 당사자들이 맺은 합의를 보장하기 위해 따라야 하는 불변의 법칙이자 도덕적 기반입니다.

'성실' 또는 '충실'은 약속한 것을 지키고 실천하겠다는 의무로, 약속하는 쪽에 적용됩니다. '신의'는 약속이 지켜질 것으로 믿는 상대편에게 적용됩니다. 동전의 양면과도 같은 신의와 충실은 약속과 관련해 뗄 수 없는 관계에 있습니다.

카펫 상인이 보여준 충실의 덕목에는 이른바 명예도 포함되어 있습니다. 아리스토텔레스의 《니코마코스 윤리학》에 따르면 "명예는 미덕과 선행의 보상"이자 "가장 고매한 행위에 주는 포상"입니다. 시민사회가 되면서는 개개인이 직업적 성취의 대가로 받는 존경이라는 의미에서 '직업상의 명예'가 되었습니다. 현대 법률에 등장하는 '명예로운 상인'이라는 개념도 여기서 나왔습니다.

일찍이 중세 시대부터 장사의 윤리에 관해 견해를 밝힌 지침서들이 수없이 많이 전해져옵니다. 가령 복식부기를 창안한 루카 파치올리는 1494년 《산술집성》에 이런 말을 남겼습니다.

“훌륭한 상인의 말보다 중요한 것은 없다. 그런 상인은 ‘진정한 상인의 명예를 걸고’라고 선언함으로써 자신의 서약을 확인한다.”

명예로운 상인에게는 전문적 지식과 직업상 경험 말고도 미덕을 추구하는 굳건한 성격이 필요합니다. 미덕은 심신의 건강을 지켜주고 오랫동안 일하며 충만한 삶을 살도록 합니다. 또 자신의 신뢰성을 높여 좋은 사업을 하려면 꼭 필요한 ‘신용’을 제공합니다. 상인의 견실함(신뢰, 정직, 성실)과 시민적 품위는 그 사람에 대한 믿음을 두고두고 보장해줍니다.

어쨌거나, 미하엘 씨, 당신은 진정 행운아입니다. 가게 주인이 한참 동안 입을 다물었을 때 당신이 잠자코 있었던 것은 잘한 일이었습니다. 가련한 표정을 지으며 간절한 눈빛으로 카펫을 바라보았을 당신의 모습이 충분히 상상됩니다. 어쩌면 그 착한 남자는 당신이 거래를 취소하기만을 기다렸을지도 모릅니다. 만약 그랬다면 당신은 통 큰 양보를 한 셈입니다. 하지만 저렴한 가격으로 카펫을 갖고 싶다는 생각에 양보라는 선의를 베풀지는 않았습니다. 그로부터 뭔가 교훈을 얻었으리라고 저는 생각합니다.

철학자가 자기 눈치를 살피지 않고 거침없이 말할 때가 있다고 느낀 게 이번이 처음은 아니다.

"오히려 좋은 일이야. 사례금을 많이 받으면서도 듣기 좋은 말만 하지는 않으니까."

철학자의 말은 옳았고, 얼마든지 수긍할 만했다. 심지어 미하엘 씨에게 꽤 긍정적인 효과를 주기도 했다. 과거 이야기를 글로 적고, 그에 대한 철학적 논평을 읽는 일은 아주 신선한 자극이었다. 그 논평을 통해 미하엘 씨는 스스로 사고할 기회를 얻고, 현재의 근심거리 앞에서 냉철한 머리를 유지하며 불안감을 다스릴 힘을 갖게 되었다.

미하엘 씨는 거실에 깔린 멋진 카펫을 보러 갔다. 이 녀석을 가져와 얼마나 다행인가. 벌서 반평생을 이 카펫과 함께했다. 어디에 살든 대개 발밑에는 늘 카펫이 깔려 있었다. 여기저기 닳아 해어져 있었지만 영롱한 빛깔만은 예나 지금이나 여전했다. 카펫을 다정스레 쓰다듬으며 미하엘 씨는 웃었다. 이 철학자는 지독한 도덕군자임이 분명했다.

미하엘 씨 자신은 한 번도 도덕군자인 적이 없었다. 매사에 너무 도덕에 얽매이지 않으려 했는데, 사람 보는 안목이 있었고 삶이 도덕주의자의 생각보다 훨씬 평범하고 속되다는 걸 알았기 때문이다. 게다가 당시 새로운 기술 시대가 열린 덕분에 미하엘 씨의 사업도 승승장구할 수 있었다. 그때만 해도 디지털 기술을 제대로 활용하는 이가 드물었다. 하지만 미하엘 씨는 기회를 붙잡았고, 이를 이용해 마뜩잖은 태도를 보이거나 가격을 깎으려는 고객이 있으면 오히려 값을 더 부르기도 했다. 이런 행동을 당연한 권리로 이해했다. 남들이 절실히 필요로 하는 것을 만들어낼 수 있는 사람은 결국 미하엘 씨였기 때문이다. 물론 운도 따랐다. 그렇다고 이런 행운을 함부로 쓰지는 않았다. 미하엘 씨는 한 번도 누구에게 강요하지 않았다. 그 정도의 지혜는 있었다. 따라서 미하엘 씨에게는 그런 '카펫' 정도는 얻을 만한 자격이 충분히 있었던 셈이다.

현관문 앞에 놓인 작은 종이봉투 속에 어두운 빛깔을 띤 훈제 연어, 신선한 '딜 위드' 허브, 벌꿀 겨자, 버터, 갓 구운 바게트가 들어 있었다. 그 젊은이는 보기에도 근사하고 맛도 뛰어난 식품을 고르는 남다른 재능이 있었다. 그래서 미하엘 씨는 늘 그랬듯이 현관 매트 아래 얼마간 팁을 넣어두었다.

식사를 마친 미하엘 씨는 거실로 발걸음을 옮겼다. 미하엘 씨가 가입한 협회에서 발행한 잡지들과 식물 관련 책들이 서가를 가득 메우고 있었다. 회사를 매각한 미하엘 씨는 여행 갈 때를 제외하고는 각별히 아끼는 식물종을 집중적으로 공부했다. 다육식물, 브로멜리아드, 식충식물, 양치식물, 난초 같은 식물들을 가장 많이 연구했다. 중요한 내용에는 나중에 찾기 쉽게 알록달록한 포스트잇을 붙였다.

다락방에서 할 일은 딱히 없었다. 녀석들에게 일일이 물을 준 것이 불과 며칠 전이다. 화롱 선인장(Aztekium ritteri)도 그중 하나였는데, 미하엘 씨가 보르네오로 여행을 떠나는 바람에 아쉽게도 녀석이 피운 꽃을 보지 못하고 말았다.

화롱은 남다른 사연이 있는 녀석이다. 멕시코 탐사 여행 중 사고로 세상을 떠난 한 친구의 부인에게서 받은 것이다. 평생을 고원지대에 사는 선인장에 매혹된 그 친구는 세계적으로도 주목받는 특별한 컬렉션을 갖추고 있었다. 그런 친구가 어느 여름날 사진 촬영 도중 추락했다. 이끼로 뒤덮인 축축한 절벽에서 미끄러져 세차게 급류가 흐르는 저 아래 물가로 떨어진 것이다.

2년 전 가을, 미하엘 씨는 지역의 다육식물협회 총회에 고인의 부인을 초대했다. 그 답례로 부인에게서 화롱을 선물받은 미하엘 씨는 눈물을 글썽였다. 바로 같은 종류의 선인장 때문에 그녀의 남편이 죽음을 맞이했기 때문이다.

당시 친구의 온실에서는 발육 상태가 좋은 화롱 선인장 여러 개체가 자라고 있었다. 세계 여러 곳에서 가져오거나, 체코의 선인장 육종 전문가로부터 사들인 것이었다. 백 년간의 변화를 보여주는 주요 수집품과 탐험 성과물, 그 자손들로 구성된 친구의 컬렉션은 그 전체가 아주 귀중한 것으로 인정받았다. 각각의 종에 얼마나 다양한 변종들이 있는지 한눈에 살펴볼 수 있었다. 그런데도 친구는 선인장이 자연에서 자라는 모습을 한 번 더 눈으로 보고 싶어 했다. 리테리(ritteri)A, 힌토니(hintonii, 추룡)A, 발데지(valdezii, 홍룡)A 세 가지 변종만이 있는 아즈테키움속은 멕시코 누에보레온주의 해발 2200미터 정도에 자리한 몇몇 협곡에서만 찾을 수 있다. 가파른 바위벽에 매달려 자라는데, 습기가 가장 많은 결로 지대와 정확히 일치한다. 식물을 보려면 바위를 기어 올라가거나 줄을 타고 내려오는 수밖에 없었다.

그 세 종류 중 최초로 발견된 것이 훗날 아즈테키움 리테리(화롱)로 명명되었다. 아즈테키움이란 이름은 아즈텍 조각품을 연상시킨다는 이유에서였다. 이 식물의 특징은 세로 방향의 잎맥이 가로로 비스듬하게 형성된 또 다른 잎맥과 교차하며 주름진 모양을 띤다는 점이다. 이런 사례는 멕시코에만 670여 종, 60개 속이 있는 선인장(Cactaceae)과에서 유일무이한 것이다.

자정 직전 손전등을 들고 식물방으로 올라간 미하엘 씨는 그때 화롱에 30여 개에 달하는 측맥이 나 있는 것을 확인했다. 벌써 나이가 30년이나 되었단 말인가? 어쨌거나 지름이 4.5센티미터에 달해 최대 크기 5센티미터에 거의 다다랐다. 며칠 전 미하엘 씨는 녀석에게 조심스럽게 거름을 주었다. 혹시 아는가, 조금 더 자라려고 할지.

내 영혼의 비밀 정원,
열정

친애하는 철학자 선생님께.

문득 그 친구를 마지막으로 본 것도 꽤 오래전이라는 생각에 전화를 걸어봤습니다. 친구가 직접 받았는데 무슨 말을 하는지 통 알아들을 수 없었죠. 내뱉는 단어와 문장은 도무지 말이 안 되는 것들이었습니다. 반면 친구의 대답 소리가 크고 활기찬 것이 제 목소리는 똑똑히 들리는 모양이었습니다. 저는 당장 집으로 찾아가겠다고 했습니다.

친구가 사는 호화 저택은 늘 그렇듯 문이 열려 있었고, 마지막 층까지 환하게 불이 밝혀져 있었습니다. 몇 년 전부터 드나들던 터라 친구가 주로 어디에 머무는지도 잘 알았죠. 그 저택에는 이국적인 미술품과 고서, 분재, 수족관 등으로 채워진 방이 40여 개나 있습니다. 어디를 봐도 새로운 발견거리가 넘쳐났죠. 하지만 정작 친구의 흔적은 어디에도 없었습니다.

이 친구와는 한 희귀 식물 거래소에서 처음 만났습니다. 그는 인도 고원지대에서 자신이 채집한 난초들 이야기를 들려주었습니다. 온실에 자리 잡은 그 난초들은 어느덧 자기만큼이나 나이를 먹었다고 했죠. 그러면서 해외 식물 수집가를 찾아가 식물들을 사 오자고 제안했습니다. 우리는 그의 오래된 재규어를 타고 국경을 넘나들며 귀한 식물들을 가져왔고, 가까운 친구 사이가 되었습니다.

1층에서 그에게 다시 전화를 걸자 어디선가 조용히 벨 소리가 울렸습니다. 방에서 들려오는 소리 같지는 않았습니다. 주위를 두리번거리자 계단 아래쪽에 걸린 폭 좁은 커튼이 눈에 띄었습니다. 그 뒤로 구멍 같은 것이 뚫려 있었고 그 컴컴한 구멍으로부터 벨 소리가 선명히 들려왔습니다.

커튼 뒤는 좁고 장애물들로 가득했는데, 일단 거기를 통과하자 눈앞에 널찍한 방이 펼쳐졌습니다. 근사한 조명이 마치 오로라에 감싸인 밤 풍경을 연상케 했습니다. 구름 덮인 하늘 모양으로 꾸며진 천장이 특히 인상적이었죠. 시선을 내리자 허리 높이로 쌓인 물건들 사이로 길이 여러 갈래 나 있었습니다. 직접 만져보기 전까지는 그 물건들의 정체를 알 수 없었죠. 그건 얇은 네글리제와 우아한 디자인의 속옷, 여러 종류의 스타킹이 한데 뒤섞여 무더기를 이룬 것이었습니다. 자세히 살펴보니 천장의 구름은 수천 개에 달하는 잠옷과 섬세하게 짠 레이스를 옷걸이에 걸어서 연출한 것이었죠.

놀라운 광경에 넋을 잃고 있다가 정신을 차린 후 여러 길 중 하나를 따라가봤습니다. 길은 깊게 파인 네모나고 큰 벽감으로 이어졌습니다. 벽감은 몇 계단 올라가야 했고 부드러운 커튼으로 가려져 있었죠. 커튼 뒤로 널찍한 침대가 보였는데 그 위에 친구가 누워 있었습니다. 여전히 횡설수설했고, 그런 자신의 상태를 알아채지 못한 듯 보였습니다. 시간이 얼마간 흐르며 어느 정도 대화를 할 수 있었지만, 그 상황을 목격한 저는 참담한 기분이 들었습니다.

그리고 석 달 후 그 기이한 친구는 결국 세상을 뜨고 말았습니다. 그러고 보니 제가 친구의 그 왕국을 발견했던 날, 헤어지기 전에 우리는 진심 어린 작별 인사를 나눴죠. 마치 마지막임을 예감한 듯이.

친애하는 미하엘 씨.

친구분이 꼼꼼하게 감춰둔 '분더카머(특이하고 진귀한 물품을 모아둔 경이로운 방-옮긴이)'는 다른 사람의 눈을 즐겁게 해주려고 만든 것은 아니었습니다. 그래도 친구를 돕고자 그 방에 들어간 행동은 당신의 당연한 의무입니다. 친구의 수집품들을 어떻게 불러야 할지 모르겠지만, 다정함과 사랑을 갈구하는 마음이 그런 행위의 주된 동기가 아니었나 생각합니다. 발로 밟을 수 있는 구름처럼, 그 안에 파묻힐 수 있게 모아둔 부드럽고 섬세한 잠옷과 레이스, 속옷들이 펼쳐내는 풍경은 실현되지 않은 꿈들을 시적으로 표현해놓은 것으로 보입니다.

열정(그리스어 '파토스', 라틴어 '파시오')은 강력하고도 지속적인, 흔히 도를 넘는 갈망을 말하는데, 그 대상은 사람이나 사물, 또는 어떤 가치가 될 수도 있습니다. 때로는 무(無)가치를 지향하기도 합니다. 이런 열정이 극단으로 치달으면 악덕이나 중독의 형태를 띱니다. 갑자기 생겼다가 사라지는 감정과 달리, 서서히 커지는 열정은 사람들의 행동을 좌우할 정도로 어마어마한 영향을 주기도 합니다.

페티시즘이란 용어는 본래 프랑스 인류학에서 처음 사용되었는데, 원시민족 사이에서 성스러운 물건에 신통력이 있다고 믿는 현상을 가리키는 말이었습니다. 그러다 심리학에서 신경증적 상태를 설명하는 개념으로 받아들였죠. 정신분석학 용어로서 페티시즘은 물건으로 대체된 대상을 향한, 광범위한 리비도(인간이 내재한 성욕 또는 성적 충동. 융의 경우는 생명 에너지로 해석함-옮긴이) 왜곡 현상을 말합니다. 프로이트는 '이런 성적 대상의 대체물을 신이 물건에 깃들었다고 믿는 원시인의 페티시와 비교하는 것도 무리는 아니다'라면서 페티시가 특정인을 벗어나 그 자체로 성적 대상화될 때 병적 사례가 나타난다고 말했습니다. 욕망을 느끼는 특별한 상대를 연상케 하는 물건이라서가 아니라, 그 물적 존재 자체에 욕망을 느끼는 것이 문제라는 것입니다.

의사로서의 경험과 의학서들로부터 여러 사례를 인용한 프로이트지만 그 원인에 대해서는 모호한 설명을 들려줍니다. 페티시를 선택할 때는 주로 초기 유년기에 받은 성적 인상이 지속적인 영향을 끼친다고 합니다. 그의 《성에 관한 세 편의 해석》에 나오는 다른 사례들을 보면 다음과 같습니다.

"성적 대상을 페티시한 물건으로 대체하도록 이끄는 것은 대개 당사자가 의식하지 못하는 상징적 사고 연결이다. 이런 연결 과정들은 항상 확실하게 증명되지는 못한다[가령 발은 아주 오래된 성적 상징물이며 (…)] 하지만 그렇더라도 이 같은 상징적 의미가 아동기의 성적 경험과 항상 무관한 것은 아니다."

범죄심리학자 리하르트 폰 크라프트에빙은 프로이트보다 수십 년 앞서 《정신병리학적 성욕》이란 제목의 책(한국판 제목은 《광기와 성》–옮긴이)을 발표했습니다. 당시 해당 분야의 필독서였던 그 책은 400건이 넘는 사례연구에 해설을 달아 인간의 성적 행태를 한눈에 볼 수 있게 한 첫 책이었습니다. 이 같은 이상성욕에 대해서는 지금까지도 의학적으로나 심리학적으로 명확한 설명을 찾기가 어렵습니다. 저 개인적으로는 전혀 놀랍지 않은데, 결국에는 인간의 상상력을 표현하는 문제이기 때문입니다. 친구의 사례는 창조적 정신이 활동했다는 사실을 잘 보여줍니다. 그의 '분더카머'가 의도된 효과를 발휘하는 데에는 상상력이 중요한 역할을 했습니다. 상상력은 모든 예술의 중요한 요소죠.

프랑스의 소설가이자 철학자인 조르주 바타유는 성애의 어둡고 타락한 면을 묘사하는 데 그치지 않고 직접 체험했던 인물로 유명합니다. 그의 이론을 빌려 친구분의 행동을 철학적으로 풀이해보겠습니다. 바타유의 성애(에로티시즘) 개념은 일반적 견해와 거리가 있습니다. 《에로스의 눈물》에 이런 설명이 있습니다.

"성 활동과 성애는 다르다. 동물의 삶에서는 성 활동만 발견되지만 인간의 삶만이 '에로티시즘'이라는 이름이 어울리는, '악마적' 양상을 띤 활동을 한다."

다른 저서 《에로티시즘》을 보면 성애에서 눈에 띄는 점은 "질서의 동요다. (…) 누군가가 익숙한 관습이나 견해에 대놓고 맞서는 식으로 행동할 때마다 우리는 항상 에로티시즘을 언급한다. 에로티시즘은 흠잡을 데 없는 완벽한 외관의 뒷면을 보여준다. 우리가 흔히 수치스러워하는 감정과 신체 부위, 습관들이 그 뒷면에 드러난다"라고 말하고 있습니다.

바타유는 또 이렇게 말합니다.

"성적 행동은 소비와 취득이 반대인 것처럼 일반적인 행동과 반대된다. 만약 우리가 이성의 지시에 따른다면 각종 재화를 취득하고, 자원이나 지식을 늘리기 위해 노력하며, 더 부유해지고 더 많이 소유하기 위해 수단을 가리지 않을 것이다. 우리가 누리는 사회적 지위도 기본적으로 이 같은 태도 덕분이다. 하지만 성적으로 흥분하는 순간에는 정반대로 행동한다. 우리는 정력을 과도하게 소비하고, 열정의 격렬한 힘 아래에서 진정한 목적 없이 적잖은 자원을 낭비하기도 한다."

열정은 어떤 사물이나 인간, 또는 사상에 시간과 힘과 재산을 낭비하는 일과 비슷합니다. 위대한 열정은 통제할 수 없는 탓에 일단 휩쓸리면 속절없이 빠져들게 되죠. 열정에 사로잡힌 자는 자신을 통제할 수 없고, 그러기를 바라지도 않습니다. 다시 말해 열정은 이성으로 제어되지 못하고, 오히려 자신의 목적을 이루려고 날카로운 이성을 굴복시킵니다. 이로써 열정은 창조력을 낳는 기반이 됩니다.

고전주의 작가 프리드리히 실러가 다녔던 엘리트 사관학교의 철학 교사 야콥 프리드리히 아벨은 〈위대한 천재들의 탄생과 특징에 관한 강연〉에서 이런 말을 남겼습니다.

"열정 없이는 결코 어떤 위대한 일도, 영광스러운 일도 일어난 적 없었고, 위대한 사상이 떠오르거나 위엄 있는 행위가 이루어진 적도 없다."

이런 의미에서 프리드리히 니체도 열정적인 삶을 촉구합니다. 그런 삶이야말로 그 어떤 삶보다 추구할 만한 것이라고 합니다.

그는 자신의 대표작 《차라투스트라는 이렇게 말했다》의 머리말에서 말합니다.

"너희를 혀로 핥아줄 번갯불은 어디에 있는가? 너희가 접종받아야 할 광기는 어디에 있는가?"

스타킹이든 컴퓨터든 철학이든 희귀 식물이든 그 어떤 것도 열정 없이는 불가능합니다. 진정으로 뭔가에 뛰어들어 헌신할 때, 과도하고 병적일 수도 있지만, 니체가 말한 '광기'가 우리를 휘감습니다. 그것은 무언가를 이루어내기 위한 필수 조건입니다. 친구분의 '분더카머'가 어떤 만족을 주었을지는, 다시 말해 그분의 내밀한 사정은 영영 베일에 싸여 있을 것입니다. 하지만 그건 그것대로 좋은 일입니다.

미하엘 씨가 열정적으로 컴퓨터에 매달려 일한 것도 벌써 오래 전 일이다. 돌이켜 보면 낭만적으로 느껴지는 좋은 시절로 기억된다. 미하엘 씨에게도 자신만의 '분더카머'가 있었다. 매캐한 오존 냄새, 줄지어 깜빡거리는 불빛들, 윙윙거리는 특유의 소리가 함께한, 컴퓨터로 가득한 방이 바로 그것이다. 그 진보의 아이콘들 앞에서 만면에 행복한 웃음을 지은 채 가만히 서서 두 손으로 컴퓨터를 어루만진 적이 얼마나 많았던가.

"그게 차라리 부드러운 레이스나 잠옷, 속옷이었다면 어땠을까."

누군가의 개인 정보를 샅샅이 알아내 기록하고 멋대로 사용하는 기계나 프로그램에 비하면 잠옷이나 속옷 정도는 악의도 없고 사랑스럽지 않은가. 순진한 열정으로 넘쳤던 미하엘 씨는 자신이 인류에 봉사하는 일을 한다고 믿어 의심치 않았다. 적어도 미하엘 씨의 고객은 대만족했고, 미하엘 씨 역시 마찬가지였다. 열심히 노력해 얻은 첨단 노하우를 사업에 활용해 성공을 거두었으니 말이다. 하지만 더없이 만족스럽던 시기에 미하엘 씨는 그것이 진정 모두의 행복을 추구한 것인지 의심하기 시작했다.

이후 디지털화가 핵심적인 국가 과제로 떠오르면서 미하엘 씨가 가장 우려했던 일이 현실로 나타났다. 장밋빛 미래를 꿈꾸며 미하엘 씨가 열성을 다해 만든 프로그램들이 권력의 도구가 되고, 나아가 원래 의도와 달리 대중을 현혹하는 마약으로 변질되고 말았다. 어느덧 사람들은 삶에 필수적이거나 본질적인 것들을 배우기보다는 마우스를 클릭하고 스크린 화면을 터치하는 데 점점 더 많은 시간을 바치고 있다. 중독되어버린 것처럼 말이다.

*

오늘 문 앞에는 프랑스산 카망베르 치즈가 들어 있는 예쁘장한 나무 상자가 종이봉투에 담긴 채 놓여 있었다. 어제 주문해둔 것이었는데, 치즈 가운데 구멍이 뻥 뚫린 것이 마치 흰 벨벳을 입힌 맷돌처럼 보였다. 철학자 부인이 권해준 바나나도 그 안에 있었다. 철학자 부부야말로 지금 미하엘 씨에게 도움다운 도움을 주는 유일한 이들이었다. 보건 당국에서는 미하엘 씨의 이름을 기록한 뒤 자가격리시켰고, 심지어 사망할 수도 있다고 겁을 주었다. '고통은 없을 겁니다. 그 점은 확실하니 너무 염려 안 하셔도 됩니다'라는 친절한 설명과 함께 말이다.

'얼토당토않은 소리지. 믿을 수 없는 사람들이야.'

미하엘 씨는 초콜릿 한 조각을 호주머니에 집어넣고는 식물들이 있는 곳으로 올라갔다. 그곳은 기적이 넘치고 피어나고 하루하루 늘어가는 장소였다. 오늘은 코가 반응하는 냄새를 따라가

봤다. 곧 냄새의 출처를 발견할 수 있었다. 흔히 부두릴리(voodoo lily)라고도 불리는 티포니움 베노숨(Typhonium venosum)이 꽃을 활짝 피운 것이다!

미하엘 씨는 며칠 전부터 꽃이 피는 과정을 눈여겨보고 있었다. 몇 달 전 화분에 작은 덩이줄기를 꽂고 잠깐 물을 주었을 뿐인데, 매일 몇 센티미터씩 검은색 수꽃술이 자라 화살처럼 곧게 하늘로 뻗어갔다. 그리고 몇 주만인 바로 오늘, 일제히 기공이 열리면서 썩는 고기 냄새와 거름 냄새가 확 풍겨온 것이다. 지독한 냄새에 미하엘 씨는 얼른 입으로 숨을 쉬기 시작했다.

활짝 펼쳐진 꽃잎이 뒤로 접히면서 새빨갛고 어두운 점들이 박힌, 벨벳처럼 부드러운 조직이 드러났다. 또 긴 줄기가 뻗어나간 꽃받침 입구 쪽에는 수생식기관인 50여 개의 노란색 밑씨가 줄기에 오밀조밀 붙어 있는 모습을 볼 수 있었다. 확대경과 손전등의 도움으로 미하엘 씨는 꽃받침 아래쪽에 있는 곤봉 모양의 암생식기관도 발견했다.

수분은 곤충을 매개로 이틀간의 반복과정을 거쳐 이루어진다. 성공적으로 수분되려면 일단 동일한 종의 식물 꽃가루를 몸에 지닌 파리가 꽃받침 내부로 들어가야 한다. 파리가 바닥에 있는 암꽃의 오렌지 향 비슷한 냄새를 맡고 아래로 향하면 위쪽의 꽃받침이 닫히며 파리는 갇힌다. 두 번째 날에 수꽃의 수술이 열리고, 여기서 방출된 꽃가루는 아래에 있는 파리 쪽으로 흘러내린다.

그럼 꽃받침이 다시 열리면서 파리가 탈출하고, 다른 식물의 수분을 돕게 된다. 이런 이유로 티포니움 베노숨은 큰 무리를 이루어 서식하기도 한다.

꽃이 시들면 덩이줄기에서 깃털 모양의 커다란 잎이 하나 자라나는데, 그 잎자루는 표범 가죽 무늬 같다. 잎이 자라는 동안 덩이줄기는 영양분을 소진하며 사라진다. 대신 새로 난 뿌리가 수분과 영양분을 공급하고 태양에너지와 함께 잎에도 저장한다. 몇 달 후에는 잎이 시들면서 덩이줄기를 키워내는데, 이곳에 그동안 모아 놓은 영양분을 보관한다. 이와 동시에 건조한 휴면기가 시작되고, 몇 달 후면 성장 주기가 마무리된다. 덩이줄기는 다시 싹을 내고 꽃차례를 형성한다. 덩이줄기는 해를 거듭하며 점점 부피가 커지는데, 관리만 잘하면 지름이 25센티미터까지 커진다.

티포니움 베노숨

꽃 높이: 40㎝

언젠가는 떨어지는 잎,
무상함

철학자 선생님께.

볼 때마다 늘 무언가 생각할 거리를 얻고, 혼란한 마음이 정리되면서 힘들 때는 위안을 받는 대상이 하나 있습니다. 그것과 처음 만난 것은 어느 무더운 여름날이었습니다. 당시 사무실에서 차로 불과 한 시간 거리에 있는, 정원이 딸린 집을 세내어 살고 있었습니다. 관광지라고는 전혀 없는 오래된 소도시의 변두리에 자리한 그 한적한 집에서 업무 분야의 최신 서적들을 읽거나, 아니면 누워서 일광욕하는 유유자적하는 생활을 보낼 수 있다고 기대했죠.

도착한 다음 날 이웃과 첫인사를 나누었습니다. 그는 다정하게 손짓하며 인사를 건넸고, 우리는 담장을 사이에 두고 대화를 시작했습니다. 그는 아내가 대학에서 인류학을 가르치고 있는데,

마침 지역 수도원 원장으로부터 납골당 조사를 허가받았다는 이야기를 들려주었습니다. 그러면서 수천 개의 해골을 꺼내 측정한 뒤 다시 제자리에 갖다 놓을 계획이라 자원봉사자가 필요하니 혹시 관심이 있다면 언제든 환영이라는 말도 잊지 않았습니다.

그렇게 해서 저는 납골당을 처음 시찰할 때부터 함께했습니다. 로마네스크 양식으로 지어진 원형 납골당은 상부에 초기 고딕 스타일의 12각형 장식이 올려져 있었습니다. 건물 위층은 묘지 예배당으로 사용 중이었고, 그 바로 아래에 지름 8미터의 원형 수직갱 모양의 거대한 납골당이 들어서 있었습니다. 묘지 관리인들은 이미 수백 년 전부터 무덤에 있던 유골들을 그쪽으로 옮겨놓았죠. 묘지가 워낙 작았던 탓에 20~30년만 지나면 새로운 묘지 예약자들을 위해 기존 무덤을 비워야 했기 때문입니다. 그 결과 수백만 개의 뼈 조각이 10여 미터 깊이로 이리저리 포개진 채 쌓이게 되었는데, 조사에 필요한 유골을 가져오려면 바로 이곳으로 들어가야만 했습니다.

납골당 내부는 흙과 곰팡내가 진하게 풍겼습니다. 게다가 너무 컴컴해서 여러 개의 램프를 설치해야 했죠. 저마다 장화와 장갑과 마스크를 하나씩 받았습니다. 맨 위부터 차례차례 파내면서 조사를 시작했는데, 다음 날 저는 커다란 구리 묵주가 감긴 손목 하나를 발견했습니다. 한때 살아 있던 육체가 지금은 깃털처럼 가벼운 섬유질로 변해 흡사 토탄처럼 짙은 갈색빛을 띠고 있었습니다.

또 한 번은 다른 것에 비해 확연히 무거운 해골 하나를 손에 쥐었습니다. 그러다 해골이 곧 눈앞에서 두 동강 나면서 뇌처럼 생긴 것이 이내 바스러져 모래와 먼지로 변하는 모습을 보았습니다. 우리는 바로크 시대의 유골까지 파 내려갔습니다. 이따금 발견되는 작은 성수병에 새겨진 글자가 어느 시대였는지를 알려주었죠. 망자의 턱을 묶어둔 기다란 아마포 조각 일부도 눈에 띄었습니다. 우리는 최대한 깊이 들어갔는데, 뼈 무더기가 무너지는 사태를 막고자 주변을 판자로 덧대기도 했습니다. 우리는 아래턱뼈를 포함한 두개골만 발굴했고 나머지는 그대로 놔두었죠. 발굴 책임자의 조교가 일일이 숫자 코드를 부여하면 우리는 벽 옆의 널따란 판자에 유골들을 쌓아놓았습니다.

수도원장은 비밀을 지키고 유골을 소중히 다루어 달라고 신신당부했습니다. 당연히 시청 당국에도 사전에 고지했죠. 하지만 묘지 방문객들은 되도록 이 일을 몰라야 했습니다. 우리가 발굴하는 것은 결국 그들 선조의 유해이기 때문입니다. 자연히 묘지에 아무도 없는 어두운 시간을 틈타 운반 작업에 나섰습니다. 밤늦게까지 해골들을 튼튼한 검정 자루에 담아 트랙터가 끄는 트레일러에 싣고 근처 정원으로 옮겼습니다. 유아용 욕조를 받친 후 흐르는 물과 솔로 유골을 씻은 뒤 말끔히 정돈된 풀밭에 두고 햇볕에 말렸습니다. 머리들이 일제히 한 방향을 바라보고 있던 그 인상 깊던 광경은 지금도 잊히지 않습니다. 정원 울타리를 통해 안이 들여다보이지 않는다는 사실을 다행으로 여겼죠.

저도 잠시나마 참여했던 두개골 측정 작업은 건물 내부에서 이루어졌습니다. 5주 후 우리는 해골들을 다시 원래 자리에 갖다 놓았습니다. 그중 하나가 지금까지 제 서재에서 안식을 누리고 있습니다. 25세가량으로 추정되는 바로크 시대 남성의 해골입니다. 아름답고 균형미가 뛰어납니다. 간곡히 부탁해 가져왔죠. 지금까지 그를 서재에 소중히 보관하며 기리고 있습니다. 시간이 흐르면서 그의 곁에서 종종 혼잣말한다는 사실을 깨달았습니다. 그는 어느덧 제 충실한 친구이자 동반자가 된 것이죠.

친애하는 미하엘 씨.

감사합니다. 대단히 인상 깊은 이야기였습니다. 메멘토 모리(언젠가 죽는다는 것을 잊지 말라)! 처음에 들려준 무덤 파는 남자 이야기에서도 알 수 있었지만, 당신이 어린 시절부터 삶의 무상함을 뼈저리게 느껴왔다는 사실은 놀랍기만 합니다. 최근 철학에 입문한 계기에는 그 점도 중요한 역할을 했을 겁니다.

미셸 드 몽테뉴의 《수상록》 중 〈철학은 죽음을 배우는 것이다〉에 이런 구절이 있습니다.

"말이 비틀거리고, 지붕에서 기왓장이 떨어지고, 장식 핀에 찔릴 때마다 나는 이렇게 되묻곤 한다. 그런데 이렇게 죽는다면? (…) 고대 이집트인들도 똑같이 생각했다. 연회가 절정에 달하는 순간 그들은 그곳에 모인 사람들에게 경고하는 뜻으로 사람 해골을 홀에 들여왔다."

약 10만 년 전 중기 구석기 시대, 인류의 조상인 네안데르탈인은 죽은 이들을 땅에 묻기 시작했습니다. 고인을 치장하고 무덤에 표시한 것으로 보아 배려와 사랑에서 비롯된 행위로 보입니다. 짐작건대 죽음을 인정하면서 인류의 역사는 엄청난 전환점을 맞이했고, 이것이 거대한 부싯돌이 되어 인류의 사유를 촉발하고 발전시켰습니다. 그러면서 쇼펜하우어가 말했듯 죽음은 '철학의 안내자'가 되었습니다.

죽음에 관해 철학자들이 저마다 목소리를 냈지만 한 가지에는 의견이 일치합니다. 현명한 사람은 죽음을 두려워하지도, 갈망하지도 않고 삶의 자연스러운 귀결로 바라보면서 의연한 지성으로 침착하게 죽음을 맞이한다는 것입니다. 현명한 사람은 죽음에 관한 생각을 애써 억누르지 않고 그렇다고 항상 죽음만을 생각하지도 않으며, 오히려 올바른 삶을 살고자 노력합니다. 이런 삶만이 죽음이 주는 끔찍한 공포를 없애주기 때문입니다. 하이데거의 말처럼 인간은 "죽음을 향해가는 존재"이므로 적극적으로 자기 삶에 의미를 부여하는 것이 중요합니다. 로마 시인 호라티우스가 남긴 "카르페 디엠(오늘을 즐겨라)"은 오늘날까지도 사람들의 입에 오르내리는 유명한 문장입니다.

죽음이라는 현상을 앞에 두고 사람들이 보이는 태도는 기본적으로 두 가지입니다. 이는 결국 믿음의 문제이므로 철학적으로는 결론을 내리기가 힘듭니다. 즉, 한쪽에서는 죽음이 완전한 끝이라고 믿는 반면, 다른 한쪽에서는 죽음을 더 나은 세상으로 가는 과정으로 이해합니다. 여기서 의견이 갈리는데, 소크라테스 같은 위대한 철학자는 어느 편도 들지 않았습니다. 《소크라테스의 변론》에는 이렇게 쓰여 있습니다.

"죽음은 존재가 소멸하는 것이어서 죽은 자들이 더는 어떤 것도 지각할 수 없는 상태이거나, 전해지는 이야기처럼 영혼이 이승에서 저승으로 장소를 옮겨 살아가는 어떤 변화이거나, 둘 중 하나입니다."

죽음이 가장 끔찍한 불행이라는 일반적인 생각에 소크라테스는 동의하지 않습니다. 왜냐하면 죽음은 꿈꾸지 않는 잠, 삶의 영원한 휴식이기에 편안한 것이거나, 영혼이 거처를 옮기는 일이라면 오히려 기뻐할 일이기 때문입니다. 그곳에서 망자는 벗들과 온종일 철학에 몰두하며 새로운 삶을 만끽할 수 있죠.

소크라테스의 제자인 플라톤은 불멸을 믿는 쪽이었습니다. 반면 에피쿠로스는 죽음을 개개의 존재가 해체되어 종말을 맞이하는 것으로 봅니다. 그렇지만 죽음은 두려워할 대상이 아니라고 합니다. 따지고 보면 죽음은 우리를 직접 건드릴 수 없기 때문입니다. 에피쿠로스는 〈메노이케우스에게 보내는 편지〉에 이렇게 썼습니다.

"우리가 존재할 때는 죽음이 아직 오지 않았고, 죽음이 오자마자 우리는 더 이상 존재하지 않기 때문에 가장 두려운 악인 죽음은 우리에게 아무것도 아니다."

산 자에게는 죽음이 없고, 죽은 자에게는 더 이상 존재하지 않으니 어느 쪽이든 우리와 상관없다는 이야기지요. 죽음은 모든 감각을 상실하는 것이기 때문입니다. '죽음'도 느낄 수 없습니다. 에피쿠로스는 계속 설명합니다.

"선과 악은 모두 감각을 통해 경험된다. 그러나 죽음과 동시에 모든 감각은 사라진다. 그러므로 죽음은 우리에게 아무것도 아니며 (…) 죽음이 결코 두려운 일이 아님을 확실히 깨달은 사람은 살아가면서 두려워할 것이 없다."

살찌고 술을 좋아했던 철학자 게오르크 빌헬름 프리드리히 헤겔은 에피쿠로스 추종자와는 거리가 먼 인물이었음에도 에피쿠로스의 논증에 찬탄하며 자신의 《역사철학 강의》에 이런 말을 남겼습니다.

"그의 사상은 기지로 가득 차 있으며 두려움을 없애준다. 긍정적인 삶에 부정적인 무(無)가 들어설 자리란 없다. 그 문제로 괴로워할 이유가 없어졌다."

헤겔은 고대 그리스 문화와 기독교 세계가 죽음에 대해 서로 다른 이미지를 떠올린다고 지적하기도 했습니다. 그리스인들에게 죽음의 상징은 '무덤을 장식한 기념물로 영원히 남게 된 멋진 수호신, 잠의 형제 타나토스'였던 반면, 기독교인들에게는 '관 위에서 설교하는 흉측한 해골 인간'이었습니다. 헤겔의 〈민족종교와 기독교에 관한 단편〉에 따르면 죽음은 그리스인들에게는 "삶의 즐거움을 일깨운 반면 우리에게는 삶을 혐오하게" 만들었습니다. "그리스인들에게는 삶으로, 우리에게는 죽음으로 이끄는 냄새였다"라고 합니다.

쇼펜하우어에 따르면 특히 아시아 문화권에서 죽음에 대한 두려움을 없애주는 여러 가르침이 발달했는데, 그곳에서는 죽음의 무상함과 모든 생명의 불멸성을 강조하는 풍부한 이미지들을 발견할 수 있다고 합니다. 그는 《의지와 표상으로서의 세계》에서 불멸을 믿지 못하는 자들을 빗대는 비유를 소개합니다.

"그런 사람은 자신의 존재에 대한 잘못된 판단으로 '가을에 나뭇잎이 시들어 떨어지더라도 봄이 되면 싱싱한 초록빛으로 다시 단장한다는 생각에 위로받는 것이 아니라 '나는 저렇지 않아! 나는 저들과 아주 달라!' 하며 탄식하는 것과 같다."

서양 철학자들에게서는 이 같은 명쾌한 이미지를 찾아보기가 쉽지 않습니다. 죽음을 말할 때 그들은 흔히 엄숙한 어조를 띱니다. 장례식 추도사였던 〈무덤에서〉에 나오는 키르케고르의 말을 들어봅시다.

"진지하게 생각할 하나의 대상이 있다면 바로 죽음이다. (…) 일찍이 한 이교도는 말했다. '죽음을 두려워할 필요가 없다. 왜냐하면 죽음이 찾아오면 나는 이미 없고, 내가 있을 때는 죽음은 없기 때문이다.' 이는 교활한 관찰자가 자신을 죽음 밖에 둔 농담이다. (…) 죽음에 처한 자신을 생각하지 않고 오직 죽음만 생각한 우스갯소리다. (…) 하지만 바로 여기에 진지함이 있다. (…) 당신이 진정으로 죽음을 생각하고, 죽음을 자신의 운명으로 생각함으로써 죽음이 할 수 없는 일, 즉 당신이 존재할 때 죽음도 존재하도록 해내는 것에 있다."

키르케고르에 따르면 죽음에 맞서 우리가 할 수 있는 일은 언젠가 죽음과 마주해 뒤돌아봤을 때 동의할 만한 삶을 사는 것뿐입니다. 이는 자신을 책임질 수 있으며 자신에게 부끄러움이 없는 삶을 말합니다. 미하엘 씨, 거기에 우리 모두의 희망이 있지 않을까요?

현실 속 죽음에 대해 철학은 침묵으로 응답하기도 합니다. 가령 칸트는 죽음을 자세히 언급하기를 피했습니다. 철학자 중 진지함에서 둘째가라면 서러워할 칸트에게 죽음 같은 현상을 체계적으로 다루는 일은 불가능하게 여겨졌을 것입니다. 어쩌면 여기서 우리는 죽음을 철학 담론에서 제외할 수도 있다는 결론을 내릴 수도 있습니다. 아마도 신학자와 신비주의자에게 그 자리를 양보하는 것은 철학 입장에서는 자신을 속이지 않는 진정성 문제일지도 모릅니다.

미하엘 씨, 어쩌면 칸트의 침묵이야말로 죽음이란 주제에 어울리는, 꾸밈없고 깊이 있는 진지함을 보여주는 유일한 방법이 아닐까 합니다.

지난 몇 주처럼 침묵을 지키며 생활한 것도 미하엘 씨에게는 드문 일이었다. 대부분의 친구와 친지에게 지금 처한 위험한 상황을 알리지도 않았다. 왜 그랬을까? 자신이 보건 당국으로부터 전화를 받았을 때처럼 그들도 똑같이 충격받고 할 말을 잃을 것이다. 내게 닥친 운명으로 남들에게 부담을 안기고 동정을 받아야 한단 말인가? 그럴 필요까지는 없었다.

한마디로 미하엘 씨는 지금 누군가와 이야기할 기분이 아니었다. 그저 글을 쓰고 읽는 것으로 만족했다. 미하엘 씨는 조용히 부엌으로 가서 냄비에 물과 소금을 넣고 레인지에 올려놓았다. 언제부터인가 매주 해오던 것처럼 병에 담긴 볼로네즈 소스로 스파게티를 만들어 먹을 참이었다. 지금까지 구매한 그 소스병만 벌써 수천 개는 될 것이다. 기분 좋게도 어제는 그 대학생이 토마토와 붉은 샬롯, 신선한 파슬리를 사다 준 덕분에 맛있는 샐러드를 만들 수 있었다.

며칠 전부터 부엌 식탁 위에는 편지 뭉치가 담긴 상자 하나가 놓여 있다. 오래전에 받은 편지들을 보관해온 상자다. 미하엘 씨는 요즘 그 편지를 하나둘씩 읽는 중이다. 대단한 비밀 같은 것은 없고, 그저 과거 연애사에서 떠오르는 몇몇 가슴 아픈 기억, 이미 해결된 소송 문제 등에 관한 것이었다. 편지를 파쇄기에 넣어 없애버리는 게 좋을까? 식물 컬렉션은 좋은 주인이 나타나 가져갈 테고, 재산 분할과 특허 권리의 승계인을 정하는 문제도 이미 몇 년 전에 정리했다. 반면 이런 편지들은…. 미하엘 씨는 손으로 쓴 유품이 있으리라고는 미처 생각지 못했다.

깊은 침묵 속에서 식사하는 중에 문득 이른 아침 욕실에서 발견한 오렌지색 열매가 머릿속에 떠올랐다. 씨를 심어 키운 개미 식물의 줄기에서 불과 며칠 사이에 자란 열매다. 식사를 마치자마자 욕실로 달려간 미하엘 씨는 핀셋을 들고 길쭉한 타원형 열매를 줄기에서 따냈다. 달콤한 향이 연하게 풍겨왔다. 내부가 끈적한 물질로 채워진 탓에 흡수력 좋은 종이를 쥔 채로 씨앗을 만져야만 했다. 자연에서 새들이 열매를 먹으면 배설물도 끈적끈적해져 땅에 떨어지는 대신 깃털에 달라붙는다. 그럼 새들은 그것을 떼어내려고 나무에 엉덩이를 문지르고, 그렇게 나무에 매달린 씨들은 금세 싹을 틔운다.

미르메코디아 투베로사(Myrmecodia tuberosa)는 자생지에서 나무껍질에 뿌리를 단단히 박아 기생한다. 표면이 물결처럼 울룩불룩한 덩이뿌리 속에는 개미굴 같은 수많은 구멍이 뚫려 있다.

매끄럽고 둥글둥글한 이 개미굴은 개미를 천적으로부터 보호하고 새끼를 키울 공간을 선사한다. 안에서만 들어갈 수 있는 또 다른 굴도 있는데, 거칠고 도돌도돌한 그 굴에 개미들은 쓰레기와 죽은 개미 시체를 보관한다. 이는 식물에게 천만다행한 일이다. 영양분 일체를 내부의 퇴비화된 쓰레기에서 얻을 수 있는 데다 개미 덕분에 해충에게 시달릴 일도 없기 때문이다.

미하엘 씨는 끈적거리는 껍질에서 씨앗을 떼어 축축한 물이끼 속에 심었다. 욕실은 항상 따뜻하고 습도도 꽤 높은 편이다. 식물들이 문제없이 자라도록 강력한 식물 등도 두 개나 달아놓았다. 지난 몇 년 사이 욕실이 점차 식물들로 뒤덮이면서 빗이며 칫솔이 어디에 있는지 알아보기 힘들 정도가 되었다. 게다가 몇 주만에 벽을 타고 천장까지 오르는 덩굴식물도 있었다. 영락없는 정글이었는데, 구석구석 핀 곰팡이에도 불구하고 미하엘 씨는 그런 모습이 좋았다.

수확하고 씨뿌리기에 익숙해진 미하엘 씨는 희귀 식물을 꾸준히 번식시키면서 갖고 싶은 다른 희귀 식물과 교환하곤 했다. 그런데 불현듯 그런 자신의 행동이 기이하게 여겨졌다. 열매가 자연스럽게 시들도록 놔두는 것이 좋지 않았을까?

기진맥진해진 미하엘 씨는 거실 소파에 누워 깜박 잠이 들었다. 그리고 늦은 오후, 내일 아침 철학자에게 보낼 인상 깊은 경험 하나가 떠올랐다. 부엌으로 간 미하엘 씨는 폴란드산 소시지에 소금에 절인 오이를 넉넉히 얹어 큼직한 샌드위치를 만들었다. 오늘은 죽음에 대해 너무 많이 생각했다. 아무튼 아직 살아 있지 않은가!

당신의 정원 안에 있는,
행복

철학자 선생님께.

저와 친구는 해가 뜨기 전 일찌감치 낚시하러 길을 나섰습니다. 이날의 목적지에 대해서는 사전 지식이 전혀 없고 수풀을 통과해 강까지 가야 한다는 사실만 알고 있었습니다. 우리는 그곳에서 텐트를 치고 밤을 지낼 계획이었습니다. 하지만 도착한 곳을 아무리 둘러보아도 적당한 자리를 찾을 수 없었습니다. 사방이 온통 풀로 뒤덮여 있었죠. 제방 쪽은 수 미터 높이로 자란 쐐기풀 탓에 물이 잘 보이지 않을 정도였습니다. 큰 칼이나 낫이 있었다면 덤불을 베어 낚시와 야영을 할 자리를 마련할 수 있었을 겁니다. 하지만 아무 장비도 없었던 우리는 그냥 집에 돌아가야겠다고 생각했습니다.

그때 어디선가 향긋한 커피 향이 풍겨왔습니다. 저쪽으로 좁은 길이 하나 눈에 띄었고, 길을 따라가니 말끔히 정리된 넓은 풀밭이 모습을 드러냈습니다. 저 아래 물가까지 죽 이어진 그곳에서는 강이 훤하게 내다보였습니다. 그제야 햇빛을 받아 청록빛으로 반짝이는 희부연 강물이 눈에 들어왔습니다. 물고기가 많다고 칭찬이 자자했는데, 정말이지 낚시하기에 딱 좋은 곳이었습니다.

강 가까이에는 낡은 오두막집 한 채가 있었는데, 바닥에서 띄운 그 고상 가옥에서 강 위로 거대한 돛대 하나가 뻗어 있었습니다. 그 돛대에는 네모나게 펼쳐진 큰 어망이 밧줄 하나에 매달린 채 물 위로 드리워져 있었죠. 강폭은 15미터 정도로 그다지 넓은 편은 아니었지만 물살이 거셌고 꽤 깊어 보였습니다. 우리가 큰 소리로 부르며 인기척을 내자 문이 열리며 노인이 모습을 보였습니다. 노인은 친절한 목소리로 배낭과 낚시 도구를 자기 땅에 놔두고 오두막으로 들어오라고 권했습니다.

집 안은 훈훈하고 아늑했습니다. 난로에는 커피 주전자가 올려져 있었는데, 주인은 곧 또 다른 커피 주전자를 준비해 우리에게 따라주었습니다. 제가 함부르크에서 사 온 다크 연초도 함께 말아 피웠고, 노인은 그것이 썩 마음에 드는 눈치였습니다. 오두막집의 벽은 책들로 빼곡했는데, 대부분 식물과 동물 관련 책들이라고 했습니다. 노인은 벌써 몇 년째 이 집에 사는 중이었고, 겨울에도 여기서 지내느냐는 물음에 그렇다고 답했습니다. 강가 목초지에는 난방에 쓰고도 남을 만큼 땔감용 목재가 널려 있어, 그저 그걸 주워서 토막 낸 뒤 오두막 아래에 쌓아놓으면 된다고 하더군요. 또 일주일에 한 차례 자전거를 타고 마을로 나가 빵과 버터, 설탕, 커피 따위를 사 오고, 과일과 견과류, 약초, 버섯을 비롯해 특히 물고기는 이곳 숲과 강에서 얼마든지 얻을 수 있다고 했습니다.

우리는 이런저런 일화들을 들었습니다. 홍수가 나서 몇 주간 보트를 타고 마을을 오간 이야기, 물이 찬 수풀 구덩이에 갇힌 잉어 수백 마리를 그물로 꺼낸 뒤 다시 강으로 풀어준 이야기, 작년에 어망으로 커다란 강꼬치고기를 낚았을 때 물고기를 나무줄기로 착각해 날카로운 이빨에 팔뚝을 물어뜯긴 이야기 같은 것들이었죠. 노인이 보여준 깊은 상처 자국은 우리에게 강한 인상을 남겼습니다.

그렇게 우리는 시간 가는 줄 모르고 대화를 나누었습니다. 저는 집에서 가져온 훈제 소시지와 빵 한 덩어리, 오이 피클 통조림을 꺼냈습니다. 노인이 오이 피클을 맛있게 먹는 것을 보고는 남은 것을 모두 주었죠. 이야기를 좋아하는 노인이 연신 커피를 권하는 바람에 얼마 후에는 머리가 어지러울 정도였습니다. 나중에는 그가 손수 약초로 담갔다는 술도 나왔습니다. 날이 어두워질 무렵 우리는 강물에 낚싯줄을 던졌고, 노인의 땅에 야영해도 좋다는 허락을 받았습니다.

구름 한 점 없는 하늘에 달이 환하게 뜬 밤이었죠. 잠들기 전

멧돼지 한 마리가 가까이 온 것이 보였습니다. 물을 마시러 강가까지 찾아온 녀석은 달려오면서 몸이 뜨거워졌는지 입에서 하얀 김을 뿜고 있었습니다. 물가에서 잤던 우리는 날이 밝자 햇빛에 침낭부터 말리고 아침에 마실 차를 끓이고 있었는데, 노인이 선물 하나를 들고 찾아왔습니다. 손에 쥔 검은 사슬에는 보기 드물게 아름다운 잉어 한 마리가 금빛으로 반짝이며 매달려 있었습니다. "댁들에게 주려고 가져왔어요. 고기를 한 마리도 못 잡았잖소" 하고 노인이 말했습니다.

밤의 고즈넉한 정취를 느끼며 우리는 집으로 돌아왔습니다. 다행히도 낚시터에서 떠나기 직전에 잉어 두 마리와 커다란 뱀장어 한 마리를 잡는 수확을 거두었죠. 하지만 역시 가장 즐거웠던 일은 그 낡은 오두막집에서 나눈 유쾌한 대화였습니다. 그때의 대화가 우리 머릿속을 떠나지 않았습니다. 노인의 긍정적인 에너지도 강렬한 인상을 남겼죠.

"그 사람 문신 봤어? 엄지와 집게손가락 사이 손등에 점 3개가 그려져 있었잖아."

친구의 물음에 제가 대답했죠.

"봤고말고. 아무것도 듣지도 보지도 말하지도 말라는 뜻이라지. 오랫동안 교도소에 있었던 모양이야."

그러자 친구가 대꾸했습니다.

"이제 자기 길을 찾은 것처럼 보였어."

*

친애하는 미하엘 씨.

은둔해 살아가는 노인이 마음의 평화를 찾고 삶과 다시 화해하게 된 데에는 그가 눌러앉은 매혹적인 장소와 그곳에서 요구하는 특별한 삶의 방식이 큰 역할을 하지 않았나 생각됩니다. 앞서 이야기한 방랑자 친구분처럼 노인도 아웃사이더 같은 존재입니다. 하지만 노인은 자기 운명 속에서 긍정적인 면을 찾았고 행복도 찾았습니다. 그런 행복을 누릴 자격이 있는지 없는지 여부를 떠나 어쨌든 그는 남들에게 도움을 아끼지 않는 친절한 사람이 되었습니다. 아니, 잘 모르지만 어쩌면 예전부터 그랬을지도 모릅니다.

행복이란 조화의 감정, 즉 우리 내면에서 소망과 충족이 일치되는 감정입니다. 그리고 각각 자신에게 유리한 정황 또는 내면의 경향이 바깥 상황과 일치된 상태를 말하기도 합니다. 이를 두고 그리스인들은 좋은 기회를 잡을 적기라는 의미에서 '카이로스'라 불렀습니다. '자기 행복은 자신이 만드는 것이다'라는 말도 이와 맥을 같이 합니다.

이 격언은 또 행복은 스스로 만들어내는 것이지 재물에서 비롯되는 것이 아니라는 점을 말해줍니다. 재물을 가졌다고 반드시 행복을 느끼는 것은 아닙니다. 이렇게 보면 행복은 우리의 사고에 올바른 질서를 부여하는 기술, 또 영혼의 바람직한 방향과 구성으로 이끄는 기술을 말합니다.

행복을 느끼는 일은 성격과 관련이 큽니다. 그런 만큼 진정한 행복과 상상 속 행복을 구분하는 것은 별 의미가 없습니다. 이 점에서 노자는 논리의 오류를 범한 셈이고, 이는 플라톤을 비롯한 서구의 철학 전통도 마찬가지입니다. 행복은 진리와 무관하고, 지극히 상대적입니다. 왜냐하면 행복은 사람들이 비교 대상으로 삼는 타인의 현재 운명뿐만 아니라 과거의 경험 및 상태와도 연관되어 있기 때문입니다.

행복은 미덕과도 아무 관련이 없습니다. 선악에 대해서는 무관심하다시피 합니다. 가령 세네카가 말한, '덕을 갖춘 이는 필연적으로 행복하다'는 철학적 명제는 희망 사항으로만 이해해야 합니다. 물론 저도 덕을 갖춘 사람이 행복해지기를 진심으로 바라지만, 확실한 보장은 못 하겠습니다. 프랑스 계몽주의 철학자 쥘리앵 오프루아 드 라 메트리는 《행복에 관하여, 반(反)세네카론》에서 이렇게 정리합니다.

"무지한 자, 가난한 자, 학자, 부자 가릴 것 없이 어느 계층에나 행복은 존재한다. (…) 나아가, 편견 있는 자들은 화낼지 모르지만, 악인이나 선인이나 상관없이 누구에게나 그렇다."

다시 말해 행복은 자기 자신과 일치된 상태입니다. 그 자신이 누구인지, 어떤 점에서 일치하는지와 무관하게 말입니다.

'웃는 철학자'라는 별명이 있는 데모크리토스는 "삶의 행복과 불행은 영혼에 달린 문제다"라며 "영혼은 행복이 거하는 곳이다"라고 말했습니다. 행복이 어떤 길을 통해 우리에게 찾아오는지, 훈련으로 습득되는 것인지, 아니면 신성한 신이나 초자연적 힘이 부여하는 것인지, 운에 따르는 것인지 같은 질문을 던진 것은 훗날의 철학자 아리스토텔레스였는데, 그가 《니코마코스 윤리학》에서 내놓은 대답은 두 가능성을 모두 고려합니다.

"신들이 인간에게 준 선물이 있다고 한다면 행복(에우다이모니아)이야말로 그것이라 생각하는 것이 가장 합리적이다. 행복은 인간이 가진 것 중 가장 좋은 것이기에 더더욱 그렇다. (…) 설령 행복이 신들이 보낸 것이 아니라 미덕, 일종의 학습, 또는 훈련을 통해 이루어지는 것이라 할지라도 행복은 가장 신적인 것에 속한다."

아리스토텔레스에 따르면 우리가 하는 일 모두가 우리 자신의 행복을 추구하는 행위입니다. 행복은 모든 행위의 최종 목적(텔로스)이며 나아가 유일한 목적입니다. 따라서 인간이 가진 것 중에서도 최고라는 것입니다.

우리의 은둔자 노인이 이제 행복한 사람이 되었다고 합시다. 그렇다면 우리는 에피쿠로스의 주장에 따라 노인이 작은 것들에 만족한 결과 행복에 이르렀다고 말할 수 있을 것입니다. 에피쿠로스는 〈메노이케우스에게 보내는 편지〉를 통해 그 이유를 설명합니다.

"모든 자연적인 욕망은 충족되기 쉬운 반면, 헛된 욕망은 만족하기 어렵다. 결핍으로 인한 고통이 사라진다면 단순한 음식도 호화로운 음식과 같은 쾌락을 준다. 빵과 물은 배고픈 이에게 가장 큰 쾌락을 가져다준다. 그러므로 사치스럽지 않고 단순한 음식에 익숙해지면 건강을 누리고, 삶의 필수적 요구들 앞에 의연하게 대처할 수 있고 가끔씩 사치스러운 것을 접할 때 훨씬 기분이 좋아지고, 어떤 운명이 닥쳐도 두려움을 갖지 않게 된다."

오이 피클과 다크 연초는 노인에게 사치품이나 다름없습니다. 이런 것들을 매일 즐길 수 있다면 그런 큰 기쁨을 느끼기 힘들 것입니다. 물론 우리는 노인이 누리는 행복의 원천을 그저 짐작만 할 따름이죠. 어쩌면 자연과 조화된 삶에 매료된 덕분에 그동안 자신을 짓누르고 있던 것에서 하나씩 벗어날 수 있었는지도 모릅니다. 독일 철학자 파울 니콜라이 하르트만은 《윤리학》에서 이런 말을 했습니다.

"진정한 행복은 항상 우리가 생각하지 못했던 쪽에서 찾아온다. 행복은 늘 우리가 찾지 않았던 곳에 있고, 선물로서 찾아오는 것이지 삶으로부터 빼앗거나 억지로 얻어내는 것이 아니다. 행복은 어디에서나 발견되는 삶의 풍부한 가치들 속에 들어 있다."

미하엘 씨, 아직도 당신 기억 속을 맴도는, 노인이 자아내는 매력적이고 긍정적인 에너지와 관련해 이런 해석을 해보면 어떨까요. 비록 죄의 무게에 짓눌린 비극적인 삶을 살았지만 결국에는 자기 삶에 의미를 부여하는 데 성공했다고 말입니다. 빅터 프랭클의 저서 《무의미한 삶의 괴로움》에 따르면 이것이야말로 모든 행복한 사람의 특징입니다. 전쟁과 유대인 탄압이라는 끔찍한 일을 몸소 체험한 프랭클은 삶에서 의미 없는 상황이란 없다고 확신했습니다. 그것은 "부정적으로 비치는 인간 실존의 여러 측면, 특히 고통, 죄, 죽음이라는 세 가지 비극적 요소에 대해서도 올바른 태도와 관점으로 대응한다면 얼마든지 그것들을 긍정적인 것으로, 하나의 성취로 바꾸어놓을 수 있기" 때문입니다.

행복은 대단히 내밀한 것이고 내적인 체험입니다. 외부에서는, 또 타인이 보기에는 제대로 파악하기가 힘들고, 그저 짐작만 할 수 있을 뿐입니다.

미하엘 씨는 여태껏 한 번도 자신에게 행복한지 물어본 적이 없었다. 단지 관심사와 이익을 좇아 열심히 일했을 뿐이다. 오랜 시간 지식을 쌓고 사람들과 교류하며 소프트웨어 상품화에 성공했고, 그것으로 꽤 많은 매출을 달성했다. 그러면서 행복했는지 묻는다면, 미하엘 씨 자신도 명확히 대답하기가 힘들었다. 적어도 느낌상으로는 큰 탈 없이 지내왔던 것 같았다. 물론 아내가 사고로 죽었을 때는 한동안 그 사실을 받아들이지 못해 세상과 단절된 기분이 들기도 했다. 그런데도 운명을 원망한 적은 없었다. 자신이 겪은 불행은 전대미문의 사건도 아니었다. 훨씬 힘든 일을 겪는 이들도 많았다. 미하엘 씨는 늘 이 점을 염두에 두었기에 힘든 고비들을 탈 없이 넘길 수 있었다.

당시 낚시를 마치고 집으로 돌아오던 내내 미하엘 씨는 노인이 살아가는 모습을 떠올리며 놀라움을 금치 못했다. 그런 특이한 삶을 사는 사람은 여태 만난 적이 없었다. 당시의 미하엘 씨는 만약 자신이 다른 성격을 타고났거나 주변 상황이 달랐다면 노인과 같은 삶을 살았을지도 모른다고 생각했다. 물론 감상적 기분에 빠져 그런 생각이 들었을 수도 있다. 노인의 삶은 극단적인 경우라 특별한 일이 없는 한 실천하기가 어렵다는 것도 미하엘 씨는 잘 알았다. 하지만 그런 삶은 때 묻지 않고 자유로우며, 자연과 조화를 이루고, 꼭 필요한 것들을 모두 자연에서 얻는 데다 설탕이나 커피 같은 사치품도 즐길 수 있고, 1년에 한 번쯤은 오이 피클과 다크 연초도 얻을 수 있으니 천국이 부럽지 않을 것만 같았다. 물론 겨울철에는 힘들고 불편한 점도 많을 것이다. 그렇지만 은둔 생활을 하는 노인은 읽을 책도 많았고, 겨울에는 얼음낚시도 즐길 수 있었다. 이런 일을 다 해내고 감내하며 고독까지도 견딜 수 있는 사람이 어찌 행복하지 않을 수 있겠는가.

약을 먹자 미하엘 씨는 또다시 속이 쓰렸다. 만약을 대비해 아침 일찍 카망베르 치즈와 바나나 두 개를 먹어둔 만큼 지난 며칠처럼 최악의 상황은 오지 않을 것이다. 철학자 부인이 또다시 귀리 수프 레시피를 문자로 보내왔다. 아무리 그래도 그런 음식은 못 먹는다고 말해봤지만 뜻을 굽히지 않았다. 첫째, 그분 할머니가 가르쳐준 그 요리법은 이 세상 최고의 것이고, 둘째, 수프 색깔이나 모양이 정 마음에 들지 않으면 눈을 감고 먹으면 된다고 했다. 그러면서 그 정도는 어렵지 않을 것이라는 덧붙였다.

미하엘 씨는 한숨을 내쉬며 부엌으로 발걸음을 옮겼다. 요리 재료들이 이미 준비되어 있었다. 이제 미하엘 씨가 실천할 철학 훈련은 맛없는 음식 요리하기다. 에피쿠로스라면 이 상황에서 무슨 말을 들려주었을까? 미하엘 씨는 이 질문을 철학자에게 이메일로 했고, 잠시 후 철학자 부부가 답을 보내왔다.

친애하는 미하엘 씨.
에피쿠로스가 전하는 조언을 보내드립니다. 실생활에 적용할 수 있는 내용과 관련해 아내가 전하는 말은 괄호 안에 적어두었습니다.

"쾌락은 첫째가는 타고난 선이지만, 모든 쾌락이 선택할 가치가 있는 것은 아니다. 가령 쾌락의 결과로 더 큰 불편(속쓰림 등)이 생길 때처럼 어떤 때에는 많은 쾌락(커피 등)을 그냥 지나친다. 이와 마찬가지로 고통(커피를 끊거나 귀리 수프를 먹는 등)을 참았을 때 더 큰 쾌락(속쓰림 없는 상태)을 얻을 수 있다고 여긴다면 고통(귀리 수프)을 받아들인다. 따라서 모든 쾌락은 그 본성이 우리에게 알맞아서 좋으나 우리가 모든 쾌락을 택하는 것은 아니며, 비록 (종종 그렇다고 잘못 여겨지는!) 모든 고통은 나쁜 것이지만 항상 고통을 피하는 것도 아니다. 우리는 이득이 되는 것과 해가 되는 것을 서로 비교하고 검토해서 판단을 내려야 한다. 왜냐하면 우리가 선을 악으로, 반대로 악을 선으로 여길 수도 있기 때문이다."

—〈메노이케우스에게 보내는 편지〉 중에서

그럼 안녕히 계십시오!

미하엘 씨는 당연히 선의 우월함 앞에 굴복하고 말았다. 그래서 작은 양파의 껍질을 벗겨 잘게 썬 뒤 버터에 볶았다. 거기에 수북하게 담은 귀리 두 수저를 넣고 잠시 볶은 다음, 마늘쪽 하나를 으깨어 그 잿빛 혼합물에 넣고는 휘저었다. 이어 300밀리리터 정도로 물을 붓고, 식물성 수프 조미료 한 티스푼으로 간을 맞춘다. 점점 끈적끈적해지는 내용물을 10분가량 더 끓게 놓아둔 뒤, 마지막으로 라임즙을 뿌리고 잘게 썬 파슬리와 함께 접시에 담으면 요리가 완성된다. 그 냄새가 가히 환상적이었다. 미하엘 씨는 한 숟가락 떠서 입에 넣자마자 눈을 감아버렸다. 수프를 눈으로 보기 싫어서가 아니라 정말 훌륭한 맛이 났기 때문이다.

흐뭇한 기분으로 식물방에 올라간 미하엘 씨는 기다란 핀셋을 집어 들었다. 마른 잎과 가지, 시든 꽃을 뜯어낼 참이었다. 일단은 심미적 판단에서 취한 조치였는데, 안 그러면 늦어도 1년 뒤에 다락방이 퇴비 더미로 꽉 찰 위험이 있다. 또 한편으로는 물을 줄 때처럼 이런 과정을 통해 식물들을 하나하나 세심히 관찰하고 문제가 생기면 적시에 알아차릴 수 있기 때문이다. 잎을 뜯으며 해로운 깍지벌레나 잎응애가 있는 거미줄을 발견한 적이 얼마나 많았던가. 반면 작년에 애지중지했던 사막의 장미 아데니움 스와지쿰(Adenium swazicum)에서 음흉한 진드기들을 미처 발견하지 못해 하룻밤 새 모든 잎을 잃다시피 했던 일처럼 너무 늦어서 손을 쓸 수 없게 된 적도 있다.

튼튼한 쿠마라 플리카틸리스(Kumara plicatilis)조차 해충에는 취약한데, 다행히 매끈하고 단순한 구조 덕분에 벌레가 눈에 잘 띄어 쉽게 제거할 수 있다. 상타리우스 교수에게 얻어온 녀석은 최근 몇 년 동안 아주 잘 자라주었다. 줄기 아래 끝단에는 벌써 굵은 마디가 형성되었다. 녀석은 정말이지 보배 같은 존재다. 만약 미하엘 씨가 죽게 되면 상타리우스 교수는 이 쿠마라를 얼마든지 좋은 가격에 되팔 수 있을 것이다. 미하엘 씨네 쿠마라는 최근 꽃을 피운 적이 있지만 불행히도 활짝 피지는 못했다. 이는 녀석이 겨울에 자라는 동형 다육식물이라는 점을 미하엘 씨가 깜박 잊은 나머지 추운 계절에 물을 너무 적게 주었기 때문이다. 이번 겨울에는 그런 실수를 되풀이하지 않으리라 다짐했다. 녀석은 꽃을

쿠마라 플리카틸리스
식물 높이: 50㎝

피운 뒤에야 비로소 가지를 내고 완전한 크기로 성장하는 특징이 있었다.

미하엘 씨가 책에서 읽은 바로는 최대 5미터까지 자라는, 남아프리카의 보배인 이 녀석은 50여 센티미터의 꽃차례에 30여 개에 달하는 종 모양으로 빛나는 진홍색 꽃이 매달려 핀다.

"이 꽃들을 생각해서라도 이번 겨울을 넘겨야 할 텐데."

미하엘 씨가 혼잣말했다.

식물의 속도가 알려준,
초연함

철학자 선생님, 이건 20여 년 전에 겪은 일입니다.

처음에 현기증이 나고 메스꺼울 때만 해도 전 대수롭지 않게 여겼죠. 하지만 증상은 악화되었고, 심한 구토와 경련이 한 시간쯤 지속되면서 서 있기조차 힘들 지경이 되었습니다. 침대에 누워 있는 동안에도 여기저기 오한을 느꼈습니다. 온몸이 소란을 일으키니 자꾸 침대에서 일어나 억지로 몸을 끌고 화장실을 드나들어야 했죠.

아내가 겨드랑이에 넣어둔 체온계를 보니 열이 40도에 육박했습니다. 구토 증세도 사라질 기미가 보이지 않았죠. 이윽고 손가락 끝의 감각도 없어지고, 곧 발가락마저 무감각해졌습니다. 저는 다시 화장실로 갔고, 이내 지쳐 침대에서 잠이 들었습니다.

아내는 안정을 취하도록 저를 가만 내버려두었죠. 나중에 다시 깨웠을 때는 제 상태가 어느 정도 나아졌으리라 기대했던 것 같습니다. 하지만 오히려 손발이 더 심하게 마비된 느낌이 들면서 자리에서 일어나기조차 힘들었습니다. 우리는 서둘러 구급차를 불렀습니다. 몸에 다시 경련이 일어난 저는 욕실로 힘겹게 걸어갔고, 그곳에 주저앉은 채 시시각각 무감각해지는 팔과 다리를 주물렀습니다. 뺨과 턱도 거의 감각이 없었습니다. 하지만 오히려 마음은 점점 차분해졌습니다.

기이한 경험이었습니다. 마치 나 자신이 해체되어 사라지는 것 같았습니다. 감각이 무뎌지는 증세는 손발 끝에서 점점 안쪽으로 옮겨가 무릎과 목까지 다다랐습니다. 더 이상 내 몸을 느끼지 못했고, 심장 뛰는 소리만 들렸고, 코와 뺨을 더듬어봤지만 그 윤곽을 느낄 수 없었습니다. 순간 저는 눈을 감으며 "이제 끝이야"라고 생각했죠. 아내가 그런 제 손을 붙잡아주었습니다.

이상한 점은 두려움은커녕 아무 걱정도 들지 않으면서 냉철함을 유지했다는 것입니다. 정신은 한 치의 흔들림도 없이 말짱했고, 저는 마지막임을 직감했습니다. 의심의 여지가 없었습니다. 지난 삶을 차례차례 머릿속에 떠올렸고, 오랫동안 떠올릴 수 없었던 삶의 여러 장면이 되살아났습니다. 마지막으로는 제 삶을 평가해보았습니다. 괜찮은 삶이었다고 생각했던 게 지금도 기억납니다. 여전히 왜 그랬는지 물음표로 남아 있지만, 갑자기 닥친 죽음의 위험 앞에서도 대체로 만족스러운 기분이었습니다.

그 순간 구급대원들이 욕실로 들이닥쳤죠. 나중에 아내한테서 들었는데 침실로 옮겼을 때 제 다리는 구부러진 상태였고 몸은 온통 딱딱하게 굳어 있었다고 합니다. 구급대원들은 제가 약물을 과다복용한 마약중독자인 줄 알고 화를 냈다지요. 제 입에서는 말도 나오지 않았고 앞도 제대로 보이지 않았습니다. 이윽고 몹시 따끔한 주사 한 대를 맞고서야 비로소 몸을 다시 움직일 수 있었습니다. 마비 증세가 한순간에 사라졌습니다. 저는 아무 일도 없었다는 듯 자리에서 일어나 부엌으로 가서는 차 한 잔을 끓여 마셨습니다. 나중에 검사 결과를 보니 혐기성 균이 원인인 것 같다더군요.

평생 잊을 수 없는 경험이었습니다. 그 일이 있고 나서 이전과는 다른 사람이 된 기분이었습니다. 사고 기능이 또렷이 유지되면서 위험한 상황이 조용히 눈앞에 펼쳐졌던 일은 여전히 수수께끼처럼 남아 있습니다. 동시에 지금 제게 닥친 상황을 생각하면 위로가 되기도 합니다.

친애하는 미하엘 씨.

중요한 순간에 온전히 현재에만 집중할 수 있는 사람들이 있습니다. 당신도 적절한 때에 적절한 행동을 하는 능력을 갖추고 있었습니다. 당시 모습은 마치 유언장을 작성하고 평화롭게 삶의 마지막을 맞이하는 이를 떠올립니다. 두말할 것 없이 그것은 두려움에 당황하는 것보다 훨씬 현명한 태도입니다. 감히 말씀드리자면, 이 같은 경험이 좋은 쪽으로 당신을 변화시켰다는 점은 당연합니다.

독일어 '게라센하이트(Gelassenheit, '초연한 내맡김', '마음의 평정', '태연함'을 뜻함–옮긴이)'는 중세 독일어로 '정착하다(gelāʒen)'란 뜻인데, 중세 신비주의에서 유래한 개념입니다. 세속적인 것에서 거리 두기, 종국에는 신 안에서의 안식을 설명하는 말입니다. 미하엘 씨, 종교적 관점에서는 당신이 운명의 손에 초연하게 자신을 맡겼던 것을 신에 대한 믿음으로 해석할 수도 있습니다. 물론 의식적으로 초자연적 존재를 떠올리지는 않았을 테지만, 모든 것이 잘되리라는 믿음은 분명 거기에 있었을 겁니다.

그 같은 믿음의 근거가 어디에 있었는지는 당신만이 답할 수 있습니다. 심리학적으로 유년 시절에 있을 가능성이 높습니다. 아무튼 의학적으로 보면 몸의 마비는 정신까지 마비시킬 수 있습니다. 하지만 당시 당신의 사고가 흐려지지 않았던 것을 보면 믿기 어려운 가설입니다. 오히려 정신은 명료한 상태를 유지하며 삶을 반추하고 평가하기까지 했습니다. 그 상황에서 인간에게 그런 능력이 나올 수 있다는 것은 놀라운 일이 아닐 수 없습니다.

태도로서의 '초연한 내맡김'은 동양 철학으로 잘 알려져 있습니다. 고대 인도어 '우뻬카(평정심)'는 불교 윤리학에서 4개의 무한한 정신 상태(사무량심四無量心, 중생을 향한 보살의 네 가지 마음-옮긴이) 중 하나를 가리키는 개념인데, 살면서 추구해야 할 자세로서 초탈과 집착하지 않음을 뜻합니다. 유럽 고대 철학에서도 '초연한 내맡김'에 해당하는 태도를 설명한 적이 있습니다. 가령 에피쿠로스학파에서는 '아타락시아'를, 스토아학파에서는 '아파테이아'를 언급하기도 했습니다. 두 개념은 거의 같은 의미인데, 평화롭고 고요한 내면의 상태를 뜻하죠. 이 같은 미덕을 갖추어 초연하게 운명을 감내해야 한다는 주장입니다.

또 쇼펜하우어는 《의지와 표상으로서의 세계》에서 이처럼 말합니다.

"사유하지 않는 동물과는 전혀 다른, 인간의 초연함은 사전에 숙고하고 결심하거나 불가피함을 깨달은 뒤 자기한테 가장 중요한 일, 때로는 가장 끔찍한 일을 냉정하게 감수하거나 실행하는 상태를 말한다."

'초연한 내맡김'은 지금 이 순간과 거리를 둔 채, 일종의 정신 활동이라 할 수 있는 성찰 상태로 옮겨가는 능력이 전제됩니다. 이 같은 능력은 철학적 사고를 하는 데 꼭 필요한 조건입니다. 미하엘 씨, 이렇게 보자면 당신은 그때 철학을 직접 실생활에 응용한 것이나 마찬가집니다. 어쩌면 타고난 본능에 따라 그랬는지도 모릅니다.

"에토스 안트로포스 다이몬(인간의 개성이 그의 운명이다)."

에페소스의 헤라클레이토스가 2500여 년 전에 남긴 유명한 말입니다. 고대 그리스 문헌에서 '다이몬(daimon)'은 '테오스(theos)'와 마찬가지로 신적인 것을 뜻하는 말입니다. 다만 테오스가 종교적으로 중요한 신을 지칭했다면, 다이몬은 미지의 불가사의한 힘을 상징했습니다. 다이몬은 인간에게 고유한 운명을 부여하는데, 이 운명은 개개인에게 유리하거나 불리하게 작용하면서 삶을 행복하거나(eudaimon) 불행하게(kako-daimon) 만듭니다. 모든 존재는 저마다의 '다이몬'과 함께 살아가고, 이렇게 맺어진 인연은 탄생부터 죽음의 순간까지 이어집니다.

괴테는 이 같은 '다이몬' 개념을 자신의 연작시 〈원초적인 말. 오르페우스풍으로〉 중 첫 번째 시의 주제로 삼았습니다.

다이몬

너를 세상에 준 그날
태양이 행성들에게 인사하려고 떠 있던 대로
너는 곧 끊임없이 성장해갔다.
네가 여기 발을 디딜 때 따랐던 법칙에 따라.
너는 그럴 수밖에 없느니, 너 자신으로부터 달아나지 못하리라 그렇게 신화 속 무녀들이, 예언자들이 일찍이 말했다.
어떤 시간도, 어떤 힘도 깨뜨리지 못하리니
살면서 발전해가는, 한 번 각인된 형상을.

괴테는 자신이 1820년에 발행한 잡지 〈예술과 고대〉에서 이 시를 다음과 같이 설명합니다.

"여기서 다이몬이란 개인에게 필연적인, 태어나자마자 뚜렷이 나타나는 개성, 많은 유사성에도 불구하고 타인과 구분 짓는 특징을 뜻한다. (…) 솔직히 말해 타고난 능력과 특질이야말로 그 무엇보다도 강하게 사람의 운명을 좌우한다."

미하엘 씨, 당신이 글을 쓰면 저는 그에 대해 철학적으로 해석하면서 당신은 스스로를 알아갈 기회를 얻게 되었습니다. 예전에 감염되어 쓰러졌던 때보다 훨씬 더 철저하게 말입니다. 그때도 급박했지만 지금도 시간이 많지 않기는 마찬가지입니다. 제 기억이 맞다면 만에 하나 앞으로 주어진 시간은, 자기 약의 효과를 확신하는 제 아내는 그런 가능성을 극구 부인하지만, 위험천만한 바이러스가 실제 발병한다는 최악의 상황을 상정한다면 1~2주 정도 될 겁니다. 거듭 말하지만 당신은 시간을 아주 훌륭하게 보냈습니다. 당신의 이야기에는 의미심장한 내용들이 많이 담겨 있어 저도 기존의 철학 상담과는 달리 한결 책임감을 느끼고 있습니다. 굳이 이런 말씀을 드리는 것은 우리의 대화가 제게도 적지 않은 영향을 주고 있음을 알아주시라는 뜻에서입니다.

하이데거는 '초연한 내맡김'을 어떤 사물이나 현상이 있음을 인정하는 동시에, 그 사물이나 현상을 존재하게 하는 숨은 진리에 눈과 귀를 여는 태도라고 정의합니다. 그는 〈초연한 내맡김에 관한 해명〉에서 '초연한 내맡김'은 우리가 적극적인 의욕(의지)에서 벗어나도 된다고 "본성이 허용할 때 깨어난다"고 말합니다(인간의 의지로 얻을 수 있는 영역이 아니라서 '허용하다'라고 함-옮긴이). 그는 본성의 "그런 허용을 이끌어내는 것이야말로 초연한 내맡김에 이르는 최고의 길"이며, 특히 '조용한 대화 과정처럼 그 계기가 눈에 띄지는 않지만 초연한 내맡김의 길로 인도하는 순간'이 그렇다고 설명했습니다.

하이데거에 따르면 초연한 내맡김은 '열려 있음'이며 존재와 진리의 넓은 세상에 자신을 맡기는 것입니다. 이런 점에서 그것은 조용한 기다림입니다. 따라서 초연한 내맡김이야말로 철학적 삶의 방식, 즉 철학적 사고를 가능케 하는 생활양식 또는 태도라 말할 수 있습니다.

철학자가 자세히 써 보낸 해설을 읽은 미하엘 씨는 흡족한 마음으로 부엌으로 향했다. 거기서 한 번 더 꼼꼼히 읽어볼 참이었다. 그동안 철학자가 보낸 논평들을 빠짐없이 프린트해 서류철에 차곡차곡 모아두었고, 하루에도 여러 차례 꺼내 읽곤 했다. 미하엘 씨는 별 어려움 없이 글이 써져 다행이라 생각했다. 어쨌거나 자신의 이야기는 철학자에게도 유익한 자극이 되는 모양이다. 당시 죽음 앞에서 초연함을 잃지 않은 일이 의아했던 것은 평소에는 그런 태도를 보일 일이 거의 없었기 때문이다. 그때 미하엘 씨는 쉴 새 없이 업무에 매달린 나머지 본질적인 것을 생각할 여유가 없었다. 훗날 식물을 향한 사랑이 시작되면서 비로소 '철학적 삶의 방식'에 입문하게 되었다. 그제야 생각할 여유가 조금씩 생기기 시작했다.

식물의 느린 성장 속도와 여기에 요구되는 인내심도 미하엘 씨를 점점 더 초연하게 만드는 데 일조했을 것이다. 미하엘 씨는 자신이 현재 처한 상황에도 불구하고 좀처럼 두려움이나 짜증이 안 생기고 침착함을 유지한다는 인상을 받았다. 그런 부정적인 감정에 휘말리기가 싫었고, 또 그럴 만큼 시간이 많지도 않았다. 물론 끝없이 뭔가를 해야 직성이 풀리는 성격이 아예 사라진 것은 아니다. 그동안은 한 가지 일을 끝내면 다른 일을 하면서 숨을 돌리는 식으로 살았고, 빈둥거리거나 쓸데없는 생각에 빠지는 일도 상상할 수 없었다. 하지만 세월이 흐르면서 큰 변화가 생겼는데, 과거에는 곧장 목표를 향해 달려갔다면 지금은 자기성찰적인 성격이 강해진 것이다.

어쩌면 감염으로 쓰러졌던 경험이 삶에 하나의 전환점이 되었을지도 모른다. 다만 의학적으로 명쾌하게 병의 원인을 밝혀내지 못한 점은 아쉬움으로 남는다. 누군가가 일부러 감염시켰을까? 아니면 실수로 어디선가 감염되었을까? 기억에 따르면 그 일이 있기 전 미하엘 씨는 부파네 디스티카(Boophone disticha, '부포네'가 아닌, 관례상 최초 기록 시 사용한 부파네Boophane로 계속해서 읽고 있음—옮긴이)의 구근을 정성껏 키워 꽃을 피워냈다. 부두술사들이 죽은 자의 혼령을 소환하는 데 사용하는 악명 높은 독이 거기 들어 있다는 사실은 나중에야 알았다. 식물을 다루는 과정에서 쉽게 독성 물질에 중독될 수 있음을 잘 알았던 터라 미하엘 씨는 늘 조심했지만, 아무튼 그 독이 유발하는 증상은 당시 미하엘 씨가 겪은 일과 아주 흡사했다.

이제 미하엘 씨는 책을 통해 자기 식물들 가운데 어떤 녀석에게 독이 있는지 훤히 꿰뚫고 있다. 멕시코의 가시 없는 오우옥 선인장(Lophophora williamsii)도 마찬가지다. 미하엘 씨는 오래되어 머리가 여러 개 달린 녀석을 하나 키우고 있다. 건조하고 차갑게 겨울을 보내도록 주의한 결과 여름에 장밋빛 꽃들이 핀 모습을 볼 수 있었다. 또 미하엘 씨는 매년 꽃들을 수분시켜 검붉은 열매를 맺게 했지만 열매를 거두어들이지 않고 그대로 놔두었다. 어린 식물을 키우려면 제대로 된 온실이 필요했기 때문이다.

원주민들이 사냥 전, 주술 의식에서 환각제로 사용해온 이 선인장은 60가지 향정신성 물질 외에 강력한 알칼로이드인 메스칼린을 함유하고 있어 여러 나라에서 불법 마약으로 분류된다. 미국에서는 '원주민 교회'의 신자들에게만 종교의식 목적으로 허용된다고 한다. 페루 출신의 미국 작가 카를로스 카스타네다는 몇 시간부터 며칠까지 지속되며, 격렬한 감정을 동반하는 다채로운 이미지나 동물과 식물과의 만남, 하늘을 나는 듯한 착각 같은 환각에 대해 들려주기도 했다.

다만 미하엘 씨에게 자신이 키운 오우옥 선인장을 먹는다는 것은 상상도 할 수 없는 일이었다. 녀석을 사랑하는 마음이 크기도 했지만 그 모습이 우스꽝스럽게도 회청색으로 변한 젬멜빵(작고 껍질이 단단한 빵–옮긴이)을 연상시켰기 때문이다.

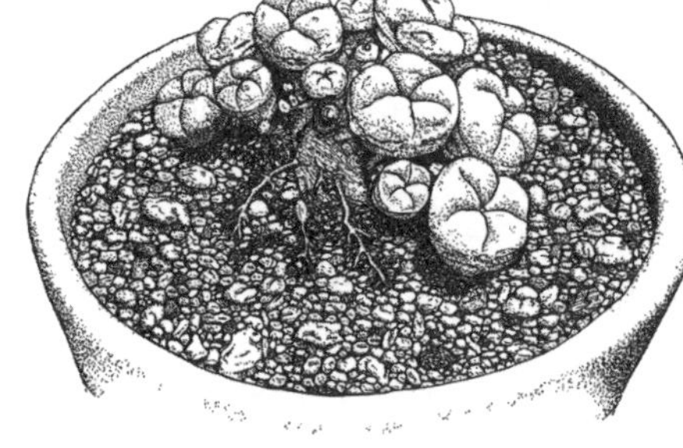

오우옥 선인장

화분 지름: 14㎝

식물은 한 번에 드러내지 않기에,
배움

철학자 선생님, 그건 제가 시작한 사업이 막 성과를 내던 무렵이었습니다.

당시 회사는 전국의 학교에서 사용할 정보처리 프로그램을 개발해 일약에 유명해졌죠. 발주한 기관에서도 결과물에 대만족했습니다. 언론과 정치권으로부터도 호평받은 덕에 전 황금 시간대에 나오는 라디오 방송에 출연하게 되었습니다. 전국 주요 인사들도 즐겨 듣는 지역 유명 저널리스트가 진행하는 프로그램이었죠. 방송 출연 요청을 받았을 때 얼마나 긴장했는지 지금도 기억에 생생합니다.

스튜디오에 들어서니 꿈을 꾸는 기분이었습니다. 그렇지만 곧 정신을 차렸고, 꽤 재치 있는 대답을 내놓을 만큼 여유를 되찾았습니다. 얼마 후 방청석에 있던 한 노신사가 발언권을 얻었습니다. 자신을 N모 교수로 소개한 노신사는 주제가 훌륭하고 의미심장하다면서 자기 제자가 하는 일을 전폭 지지한다고 밝혔습니다. 그러면서 까다로운 질문 하나를 던졌고, 저는 나름 적절한 답변을 내놓았습니다. 그러자 곧바로 좀 더 까다로운 두 번째 질문이 날아왔죠. 마치 시험을 치르는 학생이 된 기분이었습니다. 가슴이 두근두근 뛰었죠. 아, N 교수님이 여기에 오셨구나! 그런데 정작 당황스러웠던 점은 제가 그분 제자였던 적이 없었다는 사실입니다.

방송에서 만나기 전까지 따로 이야기를 나눈 적도 없는, 그저 얼굴만 아는 사이였습니다. 우리 과에서 가장 유명한 교수님이기는 했지만 저는 그분보다 젊고 매력적인 다른 교수님들의 수업을 들었고, 그분 강의는 필수과목 하나만 청강했습니다. 물론 오랜 기간 학계의 교과서로 인정받던 그분의 책은 읽어봤지만, 이후의 연구에 대해서는 별 관심을 두지 않았고요.

방송이 끝나고서 N 교수님이 찾아왔습니다. 지난주 신문 기사를 통해 제가 대담 프로그램에 출연한다는 소식을 듣고 일부러 시간을 내어 왔다고 하셨죠. 제가 한 일은 선구적 업적으로 인정받아 마땅하다는 칭찬과 함께 저를 자신의 연구실로 초대하셨습니다. 이미 정년퇴직했지만 매일 같이 연구소로 출근하신다더군요. 이틀 뒤 그분을 찾아갔고, 우리는 처음부터 이야기가 술술 잘 통했습니다.

우리의 대화는 점점 더 깊이를 더해갔습니다. 1년쯤 지나자 교수님은 만남을 저녁 시간으로 옮기자고 제안하셨습니다. 그렇게 해서 우리는 교수님이 세상을 떠날 때까지 15년 가까이 한 달 반 또는 두 달 간격으로 교외 술집에서 만나 와인 한두 병을 비울 정도로 막역한 사이가 되었습니다. 진짜 제자가 되어 많은 것을 배웠죠. 물론 가끔씩 의견이 다르거나 어떤 사안을 놓고 생각이 정반대일 때도 있었습니다. 그분이 제 어머니와 같은 해, 같은 날에 태어났다는 사실을 알게 된 건 한참 지나서였죠.

*

친애하는 미하엘 씨.

감사합니다. 대단히 인상 깊은 이야기였습니다. 또한 그것은 교육적 에로스(사랑의 신 '에로스'는 불완전함을 깨닫고 완전을 향해 나아가려는 정신의 상징—옮긴이)가 흘러넘치는 타고난 교육자에 관한 이야기이기도 했습니다. 노교수는 부단히 새로운 제자들을 찾아다니고 있었습니다. 왜 그랬을까요? 스스로가 늘 배우려는 학생으로 남아 있었던 데다 스승과 제자가 함께하는 공동체야말로 가장 이상적 배움이기 때문입니다.

교육학자 파울 나토르프는 《사회교육학》에서 말했습니다.

"타인에게 받는 최대한의 후원은 동시에 가장 강렬한 자율성을 의미하며, 그 반대도 마찬가지다. 심지어 그렇게 후원받는 사람은 그 과정에서 얻은 생기 넘치는 에너지를 통해 다시금 타인에게 자극을 주는, 즉 베푸는 사람이 된다. 가르치면서 배우고, 교육하면서 스스로 교육받는다는 비밀이 바로 거기에 담겨 있다."

N 교수에게는 당신과 함께한 대화가 생명의 묘약처럼 느껴졌을 것입니다. 그 덕분에 계속해서 가르치고 배우고 마지막 순간까지 건강한 정신을 지킬 수 있었습니다. 미하엘 씨, 당신도 거기서 여러 가지를 배우고 참고 경험을 넓히고 정신적 자극을 받았죠. 노교수에게 관련 기술의 최신 동향을 소개하며 그분의 스승 역할을 할 기회도 얻었습니다. 물론 그분도 그 점을 고맙게 여겼을 것입니다.

평생 학습이야말로 인간이 가질 수 있는 최고의 습관입니다. 그래서 플라톤은 《테아이테토스》에서 말했습니다.

"배움과 연습으로 영혼은 지식을 얻고 보존하며, 더 나은 사람이 된다. 반면 연습과 배움이 모자란 상태를 말하는 휴식으로는 아무것도 배우지 못하고 배운 것조차 잊게 된다."

나아가 소크라테스는 《라케스》에서 어른이 되어서도 자식은 물론 자기 자신을 위해서도 비용 등을 아끼지 말고 최고의 교사를 찾아야 한다고 역설했습니다.

"우리에게 교사가 필요하므로 (…) 이를 위해서는 돈이나 그 어떤 것도 아껴서는 안 된다. 우리가 지금 상태로 머무는 것을 나는 권할 수 없기 때문이다."

미하엘 씨, 당신은 의심의 여지 없이 소크라테스의 충고를 그대로 따랐습니다. 또 당신을 양아들처럼 여겼을지도 모를 N 교수로부터 격려와 도움을 받았고, 감사한 마음으로 마지막 순간까지 그 인연을 이어갔습니다. 게다가 N 교수에게서 어려울 때 지표로 삼을 만한 본보기를 발견했던 것 같습니다.

몇 주 전 당신은 제게 철학 입문을 부탁했습니다. 그리고 그 후에 보내준 이야기들은 훌륭한 출발점이 되었습니다. 달리 어쩌겠습니까마는, 제가 하는 일에서 저는 늘 배우는 쪽이었습니다. 어떤 전공 분야든 항상 자신을 길러주고 지탱하는 거인의 어깨 위에 올라서 있을 수밖에 없는 학자들은 선배들이 남긴 정신적 유산에 고마움을 느껴야 합니다. 그런 업적 없이는 이후의 발전된 성과나 이론도 상상하기가 힘들 것입니다. 그런 것은 대부분 머릿속에서 저절로 떠오르는 것이 아니므로, 스승이나 앞선 저작이 없다면 후대인은 영원히 무지몽매한 상태로 머물렀을 것입니다.

철학책만 읽는다고 철학이 되는 것이 아닙니다. 철학은 기본적으로 행동하는 것입니다. 철학자란 올바른 생각을 하고 이를 남들에게 말과 글로 전달하고자 하는 사람들입니다. 이 과정에서 다른 학자들이 했던 생각을 출발점으로 삼는 것이 일반적입니다. 이는 특정한 사고에 감화되어 그것의 진실 여부를 캐묻고 따지는 개인 성향에서 비롯된 것으로, 어릴 적부터 나타나는 성격적 특징으로 볼 수 있습니다. 자신도 어쩔 수 없이 끌려가는 근본적인 감정 상태이며 평소 경청하고 눈여겨보는 경향으로, 아리스토텔레스가 '경이'라고 부른 현상입니다. 말하자면 호기심과 경외심도 여기에 같이 작용한다고 할 수 있습니다.

덧붙여 조언이나 설명, 경고 등으로 표현되는 의견 전달 욕구, 그리고 깊은 사유의 시간을 갖고자 혼자 있으려는 경향도 나타납니다. 그 결과 칩거 시기와 활발한 의견 교환 시기가 번갈아 반복됩니다. 그 배후에는 첫째, 무언가를 원칙적 의미에서 올바르게 생각하는 것은 중요한 일이며, 둘째, 올바른 생각은 올바른 행동으로 이어지므로 결국 좋은 삶을 위한 이 필수적인 조건을 남들에게도 전달할 수 있다는 생각이 자리하고 있습니다.

철학자들의 작업에는 많은 시간이 필요합니다. 경청하고 주시하고 깊이 사색하는 일은 모두가 내면을 향한 활동입니다. 철학자들은 자신이 세상에 대해 만든 이미지에 따라 세상을 창조합니다. 더 세심하게 관찰하고 경청하고 깊이 생각할수록 그 이미지는 현실에 더욱더 부합하게 됩니다. 이는 상상력과는 관계가 없습니다. 이런 일을 훌륭히 해낼수록 철학자들은 타인에게 조력자 역할을 하면서 동시에 성가신 존재이자 골칫거리가 되기도 합니다.

미하엘 씨, 당신과 저는 모두가 평생을 한결같이 배우는 자, 탐구자로 살았습니다. 물론 전문가 행세를 할 때도 없지는 않았습니다. 하지만 우리가 확실히 아는 것은 아무리 배워도 모자람은 남고 배움에는 끝이 없다는 사실입니다. 이와 관련해 고대 그리스 철학자 크세노파네스의 시구절을 두 개 소개해드리고자 합니다. 서양 철학에서 전해지는 가장 오래된 시구 중 하나입니다.

> 처음부터 신들은 우리 인간에게 모든 것을 드러내지 않았다네.
> 하지만 시간이 흐르면서 우리는 더 나은 것을 찾고 발견한다네.

> 확실한 진리를 알아본 사람은 아무도 없었고, 앞으로도 없으리라.
> 신들에 관해서도, 내가 말한 모든 것에 관해서도 마찬가지니.
> 설령 언젠가 누군가 완벽한 진리를 알리는 데 성공했다 한들 결코 그도 그것을 알 수 없는 법이니, 모든 것에 추측이 뒤섞여 있기 때문이니라.

N 교수와 무거운 주제를 놓고 오랜 시간 벌이던 논쟁들을 미하엘 씨는 지금도 어제처럼 기억한다. 노학자는 종종 미하엘 씨를 비판하곤 했는데, 순진하게 기술을 맹신한다며 그를 개인 정보를 팔아먹는 악덕 상인이라 했다. 특히 교수가 죽기 전 마지막 몇 년, 미하엘 씨가 사회보험기관을 주요 고객으로 둔 시기에 더 심해졌다. N 교수는 유창한 말솜씨와 날카로운 논리로 미하엘 씨가 하는 일이 유발하는 윤리적 문제를 지적했다. 미하엘 씨는 자기 작업에 처음으로 회의가 들었고, 이후 그런 생각은 점점 커져만 갔다.

아내가 세상을 떠나자 미하엘 씨는 더욱 열심히 일에 매달렸고 한동안 노교수와도 연락을 끊고 지냈다. 그러던 어느 늦은 오후, N 교수가 갑자기 미하엘 씨의 사무실에 모습을 나타냈다. 그러면서 하는 말이, 두 사람을 숲가 주점으로 태우고 갈 택시가 아래에서 기다리는 중이라고 했다. 미하엘 씨는 껄껄 웃으며 자리에서 일어났고, 결국 노교수와 함께 택시에 올랐다. 하지만 온전히 교수와의 대화에 집중하기가 힘들었다. 요 몇 년 사이 미하엘 씨의 상태는 친구들이 염려할 정도로 악화되었다. 심지어 집 밖으로 외출하는 일도 드물었다. 그런 미하엘 씨가 변하기 시작한 것은 첫 번째 아프리카 여행에서 돌아온 직후였다. 미하엘 씨는 곧

바로 다육식물을 사서 창문턱에 놓고 정성껏 키워 꽃까지 피우게 했다. 이 아프리카 여행은 미하엘 씨가 회사를 떠날 결심을 하게 만든 중요한 계기가 되었다. 이후로 건강도 조금씩 되찾았다.

바깥은 바람 한 점 없이 후덥지근했다. 미하엘 씨는 철학자가 보내준 답장을 반가운 마음으로 읽었다. 여느 때처럼 두 번씩 꼼꼼히 살폈다. 그런 탓이었을까, 피로가 몰려왔다. 천천히 자리에서 일어난 미하엘 씨는 현관에서 식료품 봉투를 들고 와 식탁 위에 올려놓았다. 특히나 신선한 염소 치즈와 오이, 병에 든 올리브를 보니 반가웠다. 단골손님에게만 파는 피자 가게의 신선한 화덕 빵도 함께 들어 있었다. 그 친절한 대학생은 신선한 바질도 잊지 않고 챙겨주었는데, 성심껏 애써주는 마음이 느껴졌다. 그렇지만 미하엘 씨는 오늘따라 영 입맛이 돌지 않았다. 열이라도 나는 것처럼 머리가 어지러웠다.

잠시 망설이던 미하엘 씨는 가루약을 먹었고, 한 수저 더 추가했다. 그러고는 침실에서 꺼낸 양털 이불을 덮은 채 소파에 누웠다. 거실 온도가 30도에 육박했는데도 이마에서는 땀이 흘러내렸다. 계속되는 어지럼증의 불쾌감에서 벗어나고자 다리 하나는 바닥을 디디기도 했다.

"이제 때가 왔는지도 몰라."

지금부터 열이 오르기 시작하고 정신이 몽롱해지면 영영 못 깨어날지도 몰랐다. 두려운 마음에 눈을 감자마자 곧 잠이 들었다.

꿈속에서 미하엘 씨는 자신이 공부한 대학 연구소 복도에 서 있었다. 마침 N 교수 연구실 바로 앞이었다. 안에서 웃음소리가 났지만 문을 두드릴 엄두를 내지 못했다. 뭐가 기다리고 있을지 몰랐기 때문이다. 문가에서 몰래 엿듣자 자기 이름이 들렸다. 그러고는 다시 웃음소리가 흘러나왔다. 좀 더 이야기 소리에 귀 기울이던 미하엘 씨는 결국 복도를 따라 화장실로 들어갔다. 화장실 벽은 유리처럼 투명한데다 걸어 잠글 만한 문도 없었다. 이 상황에서 돌연 N 교수가 나타났다. 노교수는 미하엘 씨를 알아채지 못했는데도 가만히 있지 않고 오히려 큰 소리로 인사를 건넸다. 그러고는 놀란 듯 미하엘 씨를 쳐다보며 고개를 절레절레 흔들더니 몸을 휙 돌려 사라져버렸다.

그 순간 엄청난 천둥소리가 들리며 미하엘 씨는 화들짝 잠에서 깨어났다. 하늘을 쪼개듯 내리치는 청천벽력에 이어 둔탁한 굉음이 무섭도록 오랫동안 귓전을 때렸다. 성난 돌풍에 덧창문까지 덜컹거리며 커튼이 마구 펄럭였다. 창문으로 달려가자 차가운 빗방울이 미하엘 씨를 세차게 때렸다. 이른 시간인데도 바깥은 벌써 어두웠다. 구름 사이로 수없이 많은 번개가 치고 있었다. 미하엘 씨는 선 채로 얼굴을 때리는 빗줄기를 기꺼이 맞았고, 선선한 공기를 기분 좋게 들이마셨다. 이렇게 그는, 아직은, 이 세상에 살아 있다.

귀가 먹먹할 정도로 다시 쾅 소리가 울렸다. 이번에는 바로 옆

천손초
작은 가지(싹)의 높이: 15cm

에서 들리는 듯했다. 후드둑 쏟아지는 빗줄기가 천장을 때리며 윙윙거렸고, 간간이 세찬 우박 소리가 더해졌다. 그러더니 갑자기 정전되었다. 기운을 차린 미하엘 씨는 서둘러 손전등을 들고 계단을 올라가 식물들을 점검했다. 회색 틸란드시아 대부분이 고정 고리에서 분리되어 날아가버렸다. 기둥 선인장 하나는 선반 아래로 떨어졌는데, 다행히 부러지지는 않았다. 그 옆으로는 천손초(Kalanchoe daigremontiana)의 거의 다 자란 싹이 뒹굴고 있었다. 특이한 잎으로 유명한 이 식물이 바닥에 떨어지면서 윗부분이 잘려 나간 것이다.

미하엘 씨는 떨어진 싹을 조심스럽게 주워 작업용 탁자 위에 올려놓았다. 그 작은 식물은 한창 새싹을 틔우는 중이었다. 미하엘 씨는 내일 당장 줄기에서 큰 잎들을 잘라 새싹과 함께 기공이 많은 파종토에 심을 것이다. 그러면 새싹이 땅에 뿌리를 내릴 테고, 어미 잎의 영양분이 고갈되면 서서히 분리될 것이다. 미하엘 씨는 한동안 천손초를 잡초로 오해해 화를 내며 뽑아내곤 했다. 그러다 몇 년 전 개체가 얼마 남지 않은 것을 깨닫고는 정성껏 가꾸기 시작했다. 그리고 결국 꽃까지 보았는데, 이는 처음 겪는 일이었다. 여태껏 어린 싹을 보는 족족 제거했기 때문이었다. 그렇게 중요한 교훈을 얻은 뒤로는 그 식물을 소중히 여겼다.

천손초는 자생지인 마다가스카르 남서부라면 최대 80센티미터까지 자란다. 짙은 녹색 또는 자줏빛 녹색을 띤 잎은 적갈색 얼룩무늬가 나 있고, 가장자리는 미세한 톱니 모양이다. 그 끝에서 어린 클론(자구)이 나온다. 서식 환경이 건조하고 가혹할수록 클론도 더 많이 만들어진다. 시간이 지나 클론은 땅에 떨어지고 이 엄청난 번식력 때문에 경작지에서는 잡초 취급을 당하기 쉽다.

작년에야 비로소 미하엘 씨는 가장 오래된 선인장과 다육식물 종묘장의 창시자 프리드리히 하게의 후손인 발터 하게가 쓴 책에서 괴테가 1826년 이 식물의 꺾꽂이용 이파리를 마리안네 폰 빌레머(노년의 괴테가 사랑했던 여성–옮긴이)에게 보낸 사실을 알게 되었다. 괴테는 소포에 재배 안내문도 첨부했는데, 미하엘 씨는 판지에 그 내용을 베껴 쓴 뒤 선반에 걸어두기도 했다. 그 내용은 다음과 같다.

작센 지방에서 조용히 싹을 틔우고
마인 지방에서 즐겁게 자라리라.
기름진 땅에 얕게 심었노니
보라, 녀석이 뿌리를 내리는 모습을!

그러자 어린 한 무더기 새싹들이
서로서로 앞다투어 솟아오르네.
적당한 온기와 적당한 습도는
녀석들에게 유익하거늘.
그대가 녀석들을 잘 돌보아준다면
언젠가 그대 앞에 꽃을 피우리라.

마법 같은 이끌림,
사랑

철학자 선생님, 유난히 바빴던 어느 저녁이었습니다.

그날은 어느 숲속 호텔에서 열린 회의에 강연자로 참석했는데, 이어지는 토론은 유익했지만 너무 길어졌고, 저녁 식사를 마치고도 질문이 그치질 않았습니다. 밤이 깊어 주최 측이 제공한 차로 역에 도착했을 때야 비로소 홀가분한 기분이 들었습니다. 다행히 아슬아슬하게 집으로 가는 마지막 전차에 오를 수 있었습니다.

전차는 텅 빈 채 플랫폼에 서 있었습니다. 자정을 지날 무렵, 객차 하나를 골라 올라탄 저는 평소 즐겨 앉던 자리에 앉았습니다. 맨 뒤 4인석 왼쪽 좌석인데, 마음대로 발을 뻗을 수 있는 곳이죠. 긴장을 풀고 느긋하게 앉아서 기다리자 곧 전차가 출발했습니다.

세 번째 정거장에 도착하자 붉은색 옷차림의 한 여인이 전차에

올랐습니다. 잠시 멈춰 선 여인은 한동안 저를 쳐다보더니 곧장 제 쪽으로 걸어왔습니다. 그러고는 말없이 제 옆자리에 앉았습니다. 그렇게 우리는 4인석 자리에 함께 앉게 되었습니다. 도시의 밤거리에서 만날 수 있는 위험들을 떠올리며 저는 두 차례나 여인 쪽으로 시선을 던졌습니다. 하지만 의심스러운 구석은 찾아볼 수 없었죠. 오히려 그 사람에게서 나오는 광채로 제 몸이 뜨거워지는 것이 느껴졌습니다. 그러면서 약간 걱정이 되었습니다.

1~2분 정도 침묵이 흐른 뒤 여인은 환하게 웃으며 다정한 눈빛으로 저를 바라보더니 말했습니다.

"당신은 멋진 아우라를 가졌어요!"

저는 할 말을 잊었죠. 여인은 여전히 저를 보며 똑같은 말을 되풀이했습니다.

"멋진 아우라가 느껴져요, 멋져요!"

어느덧 그 시선은 제 이마를 향했고, 제 머리 위에 가만 머물렀습니다. 당황한 제 입에서는 '아하'라는 탄성만 흘러나왔죠.

잠시 후 여인은 세 번째로 입을 열었습니다.

"정말이에요. 근사한 아우라를 가졌어요. 시를 꼭 써보세요."

숨을 깊이 들이마신 저는 대답했습니다.

"한때 시 쓰기를 좋아했어요. 꽤 오래전 일이지만."

"꼭 다시 시를 쓰세요!"

저는 고개를 끄덕이며 답했습니다.

"생각해볼게요."

"다시 시를 쓰세요. 다시 시작하세요. 정말 멋진 아우라를 가졌어요!"

전차가 다음 정거장으로 들어서자 여인이 자리에서 일어섰습니다. 몸이 조금 비틀거렸고 입에서는 술 냄새가 났습니다. 원피스 매무새를 가다듬은 여인은 전차에서 내렸습니다. 문이 닫히고 이윽고 전차가 출발했죠. 등을 제 쪽으로 향한 채 그 사람은 플랫폼을 따라 걸었습니다. 그러더니 갑자기 몸을 돌려 제게 손짓했습니다. 저는 자리에서 몸을 일으켰고, 우리는 한참 동안 서로에게 손을 흔들었죠. 그 뒤로 어느덧 12년의 세월이 흘렀습니다. 그 여인을 두 번 다시 만나지 못했고, 더 이상 시도 쓰지 않았습니다. 어쩌면 그 사람이 제 노년의 사랑이 될 수도 있었을지 또 누가 알겠습니까.

친애하는 미하엘 씨.

정말로 놀라운 이야기입니다! 그 여인은 당신의 "멋진 아우라"에 이끌렸고, 당신 스스로 미처 몰랐던 면모를 알아주었습니다. 당신이 놀란 것도 그 때문이었을 것입니다. 어쩌면 여인은 남다른 촉각으로 당신의 문학적 재능을 눈치챘는지도 모릅니다. 어쩌면 여인이 시인이었을지도 모릅니다. 아니면 모든 것이 그저 술기운과 넘치는 상상력에서 비롯되었을까요?

"이제껏 무사(Μουσα) 여신(영문명은 '뮤즈' 여신-옮긴이)과 거리가 멀었던 사람도 사랑의 신 에로스와 접촉하면 누구나 시인이 됩니다."

플라톤의 《향연》에 나오는 구절입니다. 그리고 이것이야말로 "에로스가 위대한 창조자"임을 보여주는 증거라고 말합니다.

서로 사랑에 빠지고, 간혹 첫눈에 반하기도 하는 것이 우리 인간입니다. 하지만 당신은 이 같은 갑작스러운 끌림을 이해하지 못합니다. 그것은 기적처럼 특별한 일일까요? 스페인 철학자 호세 오르테가 이 가세트는 그 가능성을 일축합니다. 그의 저서 《사랑에 관한 연구》를 봅시다.

"'사랑에 빠진다'는 건 처음에는 타인에게 관심이 비정상적으로 지속되는 현상일 따름이다. 그 타인이 본인의 특권적 위치를 이용해 영리하게 상대의 관심을 높인다면 나머지 일은 불가항력의 작동 원리에 따라 진행되기 마련이다."

가세트에 따르면 우리 기억 속에 숨겨진 무언가를 자극하는 소소한 것만으로도 어떤 대상이나 사람에 관심을 불러일으키기 충분하다고 합니다. 말하자면 눈길이 미끼에 걸려든 셈입니다. 그런데 이는 사랑과는 무관한 하나의 지각 현상일 뿐이라고 가세트는 말합니다. 처음 관심을 끄는 것이 반드시 사랑으로 이어지는 것은 아니라는 뜻이죠. 두 번째 눈길에서 비로소 지각된 대상이 계속해서 관심을 받을 가치가 있는지 평가한다는 것입니다.

프랑스 철학자 롤랑 바르트는 《사랑의 단상》에서 말합니다.

"동물 세계에서 성적 메커니즘을 유발하는 것은 특정 개체가 아니라 단지 하나의 형태, 채색된 페티시에 불과하다."

특정한 반응과 일련의 과정을 불러일으키는 것은 다양한 자극들입니다. 심미적으로 세련되었다는 점만 다를 뿐 인간도 별반 다르지 않다는 말입니다.

"타인으로부터 급작스럽게 내 마음을 움직이는 것은 이런저런 예기치 못한 사건들, 가령 목소리, 처진 어깨, 부드러운 몸의 윤곽, 따뜻한 손, 미소 짓는 모양 따위다."

무언가가 나타나 우리를 유인하고, 유혹하고, 지각을 뒤흔들고, 욕망을 드러내게 합니다.

"(…) 때로는 어떤 과감한 겉모습이 내 안의 상처를 열어젖히기도 한다. 다시 말해, 나는 (도발적 의도를 가진) 다소 천박한 자태에 반할 수도 있다. 타인의 육체를 빠르게 겹치듯 지나가는 미묘하고 유동적인 비속한 것들. 스치듯 (하지만 과도하게) 손가락이나 다리를 벌리는 모양, 음식을 먹으며 도톰한 입술을 움직이는 모양 (…)."

우리를 매혹하는 것은 무엇보다도 사람의 눈빛입니다. 상대편에 눈으로 신호를 보냄으로써 욕망의 불꽃이 피어오르게 하기도 합니다. 프랑수아 트뤼포는 자신의 영화 〈이웃집 여인〉을 설명하며 "그녀는 처음부터 이 같은 병적인 눈빛을 띠고 있다"라고 말합니다. 그는 여기서 주연 배우 화니 아르당이 연기한 마틸드가 몇 년 전 위험한 관계를 맺었던 한 남자(제라르 드파르디외 분)를 만나는 영화 도입부 신을 언급하고 있습니다. 위험한 관계에 불을 다시 지피기에는 눈빛 하나로도 충분합니다. 단 몇 초 사이에 둘은 이 점을 분명히 깨닫습니다. 프로이트의 스승이었던 크라프트에빙은 일찍이 《정신병리학적 성욕》에서 말했습니다.

"사랑의 불꽃을 일으키는 데에는 눈의 표정이 특히 중요하다. 신경병증적 안구가 페티시 역할을 하는 경우도 흔하다."

다시 《사랑의 단상》 속 바르트의 말을 들어보겠습니다. 그는 《젊은 베르테르의 슬픔》의 주인공 베르테르가 로테를 처음 보고 사랑에 빠졌던 순간, 즉 로테가 동생들에게 빵을 나눠주는 장면을 언급하며 다음과 같이 이어갑니다.

"우리는 처음에 하나의 장면을 사랑한다. 첫눈에 반하려면 (나를 무책임하게 만들고, 운명에 굴복하고, 열광하고, 마음을 뺏기게 만드는) 벼락처럼 갑작스러운 징후가 수반되어야 하기 때문이다. (…) 장막이 찢어지면 여태 보이지 않았던 전체가 드러나면서 시선이 그것을 집어삼킨다."

다시 말해 이제껏 못 보던 장면이 우리 앞에 드러납니다. 그러면서 우리는 눈의 이미지, 시선에서 표현되고 뿜어나오는 것에

압도됩니다.

이런 끌림은 어떤 과정을 통해 일어날까요? 화학적, 물리적 현상일까요? 아니면 형이상학적 원리에 따른 현상일까요? 쇼펜하우어는 후자를 주장했습니다. 그는 《의지와 표상으로서의 세계》에서 우리가 사랑에 빠지는 것을 종족 번식과 유지만을 목적으로 하는 세계 의지의 표현으로 해석했습니다.

"개체는 자기도 모르는 사이에 더 높은 힘, 상위 종이 내리는 명령에 따라 행동한다."

쇼펜하우어에 따르면 선택을 하는 것은 종의 정신입니다. 거기에 자유란 없습니다. 끌림이 즉각적으로, 순간적으로 일어난다는 것만 보더라도 그 점을 알 수 있다고 합니다. 종 보존에만 관심이 있는 자연을 반영하는 존재로서, 우리 정신은 우리에게 벌어지는 일에 별 저항 없이 적응하고, 몇 초 내로 누가 종족 번식에 적합한지 아닌지를 결정한다는 것입니다.

빈 출신 철학자 오토 바이닝거도 대표작인 《성과 성격》에서 비슷한 진단을 내렸습니다. 바이닝거의 이런 생각에 대해 이탈리아의 철학자 율리우스 에볼라는 《성의 형이상학》에서 아래와 같이 해석합니다.

"절대적 남성과 절대적 여성을 기준으로 삼는다면 일반적으로 여성 안에는 남성적인 무언가가, 남성 안에는 여성적인 무언가가 존재한다. 남녀 간의 끌림은 양쪽에 존재하는 남성성과 여성성을 합하여 절대적 남성과 절대적 여성이 도출될 때 최대치에 이른다."

예를 들어 3/4은 남성성, 1/4은 여성성을 가진 남자와 3/4은 여성성, 1/4은 남성성을 가진 여성은 서로에게 저항할 수 없는 매력을 느낀다는 것입니다. 에볼라는 이어 말합니다.

"사실 성의 원초적 양극성을 형성하며 에로스의 첫 불꽃을 당기는 것은 절대적 남성과 절대적 여성이다. 서로 사랑하는 것은 바로 이 둘이며 각각의 남성성과 여성성 안에서 서로 하나가 되고자 한다고 단언할 수 있다."

이는 그럴듯한 생각이지만, 이 분야의 다른 이론들처럼 지독히 추상적 성격을 띤 것도 사실입니다. 그런데도 그런 마법 같은 만남을 말하는 이들이 적지 않다는 것은 흥미롭습니다. 그럴 때는 낯선 영혼과 순식간에 놀라우리만치 가까워집니다. 모든 게 기적 같고 황홀함과 흥분을 느끼며 평생 잊지 못할 경험을 하죠.

미하엘 씨, 당시 심야 전차에서 경험한 만남은 시대의 변화를 보여주는 일화이기도 합니다. 남녀평등은 우리 시대의 중요한 도덕적 가치로 자리 잡았습니다. 인류가 남성과 여성으로 이루어진 사실을 존중해야 한다는 뜻에서 인간의 보편적이고 정당한 요구에 부합합니다. 우리 세대가 자랄 무렵만 해도 남성의 욕망이 압도적 우위를 차지한 탓에 여성의 욕망은 존재감이 없다시피 했습니다. 하지만 이후 여성들은 스스로를 무력한 피해자로 여기지 말고 자의식을 가진 당당한 인간이 될 것을 동료 여성들에게 호소하기 시작했습니다. 이런 의미에서 보면, 전차에서 당신에게 말을 건넨 여인은 자의식이 남다른 여성이라고 할 수 있습니다. 그 사람은 남자들의 접근 방식에 비해 훨씬 지적이고 창의적인 방법을 택했습니다. 어쩌면 당신이 너무 미적거렸는지도 모릅니다. 차라리 그 자리에서 시 한 편을 읊었더라면 어땠을까요. 어쩌면 그 여인과 맞지 않으리라 예감했기에 의식적으로 망설인 것인지도 모릅니다.

당시 미하엘 씨에게 예감 따위는 없었다. 혼자서 골똘히 생각에 빠져 있었기 때문이다. 게다가 세상의 기준이나 다름없던 아내의 죽음이 여전히 눈앞에 어른거려 연애 따위에는 전혀 관심이 가질 않았다. 물론 여인이 자신을 유혹한 것임을 뒤늦게 눈치채기는 했다. 몇 년이 지나서야 뭔가를 놓쳤을지도 모른다는 아쉬움이 들었다. 자꾸만 그때의 만남이 생각났고, 남은 시간과 지금 자신의 나이가 의식될 때마다 사무치게 떠오르곤 했다.

하지만 동시에 하루도 빠짐없이 이야기를 나눌 만큼 식물들과의 관계도 가까워졌다. 그래서 미하엘 씨는 결코 혼자인 적이 없었다. 위층 다락방에 머물 때마다 진짜 자연보다, 물론 보르네오섬의 정글은 예외였지만, 더 자연 속에 있는 듯한 착각에 빠졌다. 아무튼 식물들의 매력과 아름다움에 다락방을 찾은 손님들도 다들 할 말을 잊곤 했다. 미하엘 씨의 식물방 사진은 관련 잡지에도 여러 차례 실렸다. 진짜 자연은 아니었지만 어느 식물원에 갖다 놓아도 부끄럽지 않을 만큼 다채로웠다.

*

원래 오늘같이 무더운 날에는 수영을 한 뒤, 정원에 앉아 고기를 굽고 생맥주를 마시는 게 제격이리라. 하지만 그런 것들은 잊어야 했다. 아무리 봐도 싫증이 나지 않는 식물들이 미하엘 씨를 기다리고 있었다. 물도 줘야 했다. 틸란드시아도 그중 하나다. 물에 흠뻑 적셔주면 아주 좋아한다. 그물망을 쳐 빛을 가리긴 했지만 다락방은 아무래도 녀석에게 너무 더웠다.

품이 많이 들기는 하지만 그럴 때마다 새로 배우는 것이 많았기에 미하엘 씨는 일을 마다하지 않았다. 식물의 말라 죽은 부분을 제거하면서 병충해 예방에 관해 많은 점을 새로 알게 되었다. 전문 원예사들을 만날 때마다 항상 듣는 말이 바로 청결한 관리의 중요성이었다. 어떤 개체들은 화분이 깨지거나 뿌리에 문제가 생겨서 분갈이해야 할 때도 있다. 그럼 흙을 씻어내고, 병들고 썩은 뿌리를 제거한 뒤 남은 뿌리줄기를 가루탄이나 살균제로 치료한 다음 깨끗한 흙에 다시 심는다. 이런 구조 작업 뒤에는 한동안 물을 주지 않는 것이 좋다. 그래야 뿌리가 입은 상처가 통기성 좋은 흙 속에서 빨리 회복된다.

이름표를 적는 일도 빠트릴 수 없다. 몇 달 전 상타리우스 교수에게 사들인, 이국적이면서 관능적인 아름다움을 뽐내는 스테파니아 피에레이(Stephania pierrei, 스테파니아 에렉타로도 알려져 있음–옮긴이)는 운반 중 이름표가 사라져서 혼동을 피하고자 관련 서적들을 뒤져봐야만 했다.

이 식물은 짙은 갈색 외피를 가진 덩이뿌리를 형성한다. 가는

스테파니아 피에레이
덩이뿌리 지름: 12㎝

줄이 그려진 잎들은 물냉이를 연상시킨다. 해당 속의 식물들은 모두가 암수딴그루 형태를 띠는데, 수꽃과 암꽃 모두 작아 눈에 잘 띄지 않는다. 덩굴손은 최대 수 미터까지 뻗어 오르고, 겨울에는 말라버린다.

작업을 마친 미하엘 씨는 샤워기를 틀어놓고 차가운 물이 종아리를 타고 흘러내리게 했다. 이어 어두운 침실의 흔들의자에 앉아 트뤼포 감독의 걸작 〈이웃집 여인〉을 감상했다. 고맙게도 철학자가 미하엘 씨를 돌봐주는 대학생에게 영화 DVD를 전해준 덕분에 오늘 아침 미하엘 씨는 버터와 무 사이에서 이 영화 DVD를 발견할 수 있었다.

영화에 푹 빠져 끝까지 눈을 떼지 못한 미하엘 씨는 그 비극적 이야기에 충격받은 동시에 그런 사랑을 겪지 않아도 된다는 사실에 가슴을 쓸어내렸다. 하지만 비슷한 상황이었다면 자신도 그 관능적 유혹을 거부할 수 없었으리라 생각했다. 예전 심야 전차에서도 사실 그 같은 마력에 자신을 내맡기고 싶지 않았고, 아울러 그런 기회를 붙잡기에는 너무 놀라기도 했다.

'혹시 모르지, 그 여인과 잘 되었을지도'.

미하엘 씨는 속으로 생각해보았다.

완전히 같은 개체는 없다,
삶의 의미

철학자 선생님께.

제겐 특별한 친구가 있었습니다. 프리츠는 시 외곽의 정원 딸린 연립주택에 사는 여섯 남매 중 셋째였습니다. 온순하면서도 세심하고 정이 많아서 일찍부터 주변의 관심을 한 몸에 받았죠. 그런 그가 학교 수업을 따라가지 못해 특별학교로 전학 갔다는 소식에 사람들은 깜짝 놀랐습니다. 훗날 프리츠의 후견인이 된 그의 누나는 동생이 '발달장애' 진단을 받았을 때 가족 누구도 믿을 수 없었다고 털어놓았습니다.

프리츠는 직업교육도 받지 못했습니다. 몇 주간 도로 건설 현장에서 작업보조원으로 일하다가 공사장 구덩이에 매몰되는 사고를 당하고 나서 결국 일을 그만두었죠. 그는 주변 숲속의 강가에서 낚시하기를 좋아했는데, 어머니는 그런 아들을 위해 낚시허가증(독일 및 오스트리아에서 낚시를 하려면 '낚시면허증'을 받은 후 '낚시허가증'을 사야 함-옮긴이)을 사주었죠. 주말이면 그의 아버지가 오토바이에 태워 강가로 데려다주거나, 레스토랑에서 함께 시간을 보내기도 했습니다. 그곳에서 프리츠는 재떨이와 쓰레기통을 비우거나 주인을 따라 장을 보는 등 처음부터 식당 일을 열심히 도왔습니다.

열여덟 살에 프리츠의 아버지가 세상을 떠났고, 그분과 친했던 레스토랑 주인은 이제 프리츠의 둘도 없는 벗이 되었습니다. 프리츠는 그 집 아이들을 정성껏 돌보았고, 늘 하던 대로 재떨이와 쓰레기통을 비웠죠. 결혼식이나 생일 파티가 열리면 탁자를 배열하고 지하실에서 의자를 가져오는 등 자신을 필요로 하는 곳에서는 늘 몸을 아끼지 않았습니다. 특히 프리츠는 카니발과 크리스마스 모임에 쓰일 게스트룸 꾸미는 일을 좋아했습니다. 점심때가 되면 주방에서 만들어준 음식을 먹었고 빈 접시를 돌려줄 때마다 "잘 먹었습니다. 아주 맛있었어요!"라고 주방장에게 크게 인사하곤 했죠. 저녁때는 프리츠를 위해 식초에 절인 오이를 곁들인 샌드위치가 준비되었습니다. 냉육 요리가 함께 나올 때는 와인이 늘 빠지지 않았습니다. 식당 영업이 모두 끝나면 프리츠는 살짝 몸을 휘청거리며 집으로 걸어갔습니다. 누나들이 아는 바로는 여자를 만난 적은 한 번도 없었고, 어머니 보호막 아래서 평생을 살았다고 합니다. 나중에는 어머니를 대신해 집안일과 정원 손질을 도맡았으며, 누나들은 이 점을 두고두고 고마워했습니다.

레스토랑 바 카운터에서 프리츠는 수십 년 동안 살아 있는 전설이었습니다. 문제가 있다는 공식 진단이 내려졌지만 누구와도 말썽을 일으킨 적이 없었습니다. 오히려 틈만 나면 아낌없이 도움을 베풀었죠. 동네에서 그를 모르는 사람이 없고, 길에서 프리츠를 만나면 모두가 반갑게 인사를 건넸습니다. 그는 누구와도 거리낌 없이 담소를 나누었고 다른 사람의 이야기를 흔쾌히 들어주었습니다. 그러면서 이야기를 함부로 퍼뜨리지도 않았습니다. 그는 귀담아들을 줄 알았고, 사람들, 특히 아이들을 좋아했습니다. 놀랍게도 책을 많이 읽었고, 식물을 수집하는 취미가 있었죠. 그래서 어머니와 레스토랑 주인 내외로부터 약간의 용돈을 받기도 했습니다. 그에게 약삭빠른 면이 없지는 않았다고 그 친구 큰누나가 귀띔하기도 했죠. 하지만 그런 모습을 대놓고 드러내지는 않았다고 했습니다.

프리츠와 저는 오랜 시간 서로 알고 지냈습니다. 우리는 상타리우스 교수의 희귀 식물 가게에서 만나 자주 대화를 나누곤 했습니다. 그런 프리츠가 병이 들자 저를 따로 불러 자기 병명을 알려주며 그간 수집한 식물들을 제게 넘겨주고 싶다고 했습니다. 가족 중에는 식물을 제대로 보살펴줄 만한 사람이 없다고 했죠. 가장 덩치가 큰 고가의 식물은 상타리우스 교수가 가져가는 대신 그 돈을 그 친구 어머님께 드리기로 했고, 나머지 식물은 좋은 환경에서 잘 자라주기를 바란다고 했습니다. 감동한 저는 그의 제안을 고맙게 받아들였습니다.

세상을 떠나기 몇 주 전 프리츠가 저를 집으로 초대했습니다. 그동안 말로만 들려준 식물 컬렉션을 직접 보여주고자 했던 것인데, 인상 깊은 장면이었습니다. 놀란 저를 본 프리츠는 미소를 띠며 제 손을 붙잡더니 나직이 말했습니다.

"대신 내 추도사를 부탁해."

그리고 저는 그와의 약속을 지켰습니다.

친애하는 미하엘 씨.

자신의 장례식에서 추도사를 낭독할 사람을 찾는 일이야말로 심사숙고가 필요한 문제입니다. 프리츠 씨가 그동안 수집한 식물들을 당신에게 부탁한 것은 퍽 영리한 결정이었습니다.

일찍부터 남들에 대한 배려심이 컸던 그분은 언제든 도움을 아끼지 않았으며, 얻은 신뢰를 한 번도 배반한 적이 없습니다. 실상 그분은 모든 수도사의 본보기가 될 만한 성자 같은 삶을 살았습니다. 보수도 받지 않은 채 자발적으로 공동체를 위해 일했고, 늘 쾌활하고 불평하지 않았고, 정이 많은 성격 덕분에 누구든 그와 이야기하기를 좋아했습니다. 마치 고해신부와도 같은 역할을 했는지도 모릅니다.

실제로 프리츠 씨는 공동체 속에 녹아든 삶을 살았습니다. 그로서는 삶의 의미 따위를 물어볼 필요조차 느끼지 못했을 것입니다. 자신이 하는 어떤 일도 무의미했던 적이 없었기 때문이죠. 처음부터 그분을 있는 그대로 받아들이고 억지로 바꾸려 들지 않는 환경에서 지내는 행운을 누렸습니다. 그래서 아무 구애 없이 본성에 맞게 성장해나갈 수 있었습니다. 프리츠 씨가 삶에서 자신의 역할이 무엇인지 또렷이 깨달은 첫 순간은 어쩌면 재떨이와 쓰레기통을 비우며 주위에서 고맙다는 인사를 들었을 때가 아니었을까요? 프랭클은 《무의미한 삶의 괴로움》에서 말했습니다.

"사람은 어떤 일에 봉사하거나 누군가를 사랑하면서 자신을 성취할 수 있다. 자신의 과제에 몰두할수록, 자신의 배우자에 헌신할수록 그 사람은 더욱 사람다워지고, 더욱더 그 자신이 된다. 즉, 자신을 잊고, 자신에게 집착하지 않을 때만 자아를 실현할 수 있다."

대표적 철학 문제로 여겨지는, '삶의 의미'에 대한 질문을 던진다는 건 뭔가 일이 잘못되어간다는 징후로도 해석할 수 있습니다. 이런 질문을 던지는 것은 괴로운 일, 어떤 결핍을 암시합니다. 삶의 의미를 묻는 것은 삶 바깥에서 본다는 조건이 전제이므로 이를 만족시키는 객관적 대답이란 애초에 존재할 수 없습니다. 굳이 말하자면 신의 관점에서만 그 대답을 내놓을 수 있죠.

그럼에도 불구하고, 주관적 관점에서 우리는 그 질문에 대답해야만 합니다.

삶의 의미를 잃은 사람은 위험에 처해 있습니다. 일에 대한 회의감이 커지면서 당신이 심리적으로 궁지에 몰렸듯이 말입니다. 하지만 자기 양심이 던진 질문에 답함으로써 결국 당신은 올바른 선택을 했습니다. 그리고 다행히 이후 삶에서 새로운 의미를 발견할 수 있었죠. 프랭클에 따르면 인간에게 질문을 던지는 주체는 다름 아닌 삶 자체입니다. 다시 프랭클의 말을 소개합니다. 《삶의 의미에 관하여》에 나오는 말입니다.

"인간은 삶의 의미를 묻는 것이 아니라 오히려 삶으로부터 질문받는 존재다. 인간은 삶에 대답하고 삶을 책임져야 하는 자다. 그러나 사람이 내놓는 대답은 구체적인 '삶의 문제'에 대한 구체적 대답일 수밖에 없다."

그는 이어 '현재를 살아가는 존재'가 가진 '책임감 안에서' 답을 얻고, "존재 자체로써 사람은 자신이 던진 질문의 대답을 '완성'한다"고 했습니다.

당신의 이야기를 들으면 프리츠 씨는 자기 삶에 만족한 듯이 보입니다. 제가 알기로 그 점은 당신도 마찬가지입니다. 단지 프리츠 씨보다 훨씬 다사다난한 삶을 살았고 남들과 자연스럽게 어울리지 못한 면이 있습니다. 반면 거창한 목표나 무리한 요구를 내걸지 않았던 프리츠 씨는, 《의지와 표상으로서의 세계》 속 쇼펜하우어의 말처럼 "끊임없는 욕망의 흐름에서 벗어나 의지(맹목적인 갈망을 뜻함-옮긴이)의 노예 상태인 인식을 구해내고, 이해타산에 따르거나 주관적 관점이 아닌 순수하게 객관적"인 시선으로 사물을 바라볼 수 있었습니다. 쇼펜하우어는 또 이런 상태일 때 평온이 저절로 찾아와 우리가 "완전한 행복을 느낀다"고 했습니다. 그는 이것이 "에피쿠로스가 최고선이자 신들의 상태라고 찬양한 '고통 없는 상태'"이며, 그 순간 우리가 "가증스러운 의지의 충동에서 벗어나고" 맹목적인 의지력에 따라 행해야 했던 강제노역의 안식일을 맞이하여 "익시온(그리스 신화에서 정욕에 눈이 멀어 배은망덕의 죄를 범해 불타는 수레바퀴에 묶여 영원히 고통받는 인물-옮긴이)의 수레바퀴도 조용히 멈추기 때문이다"라고 설명했습니다.

이런 의미에서 프리츠 씨는 헌신을 통해 세상의 모든 행복을 얻었습니다. 그 무엇도 갈구할 필요 없이, 그저 의미 있는 일을 하면 되었습니다. 그분은 멈추지 않고 자기 할 일을 했습니다. 그분이 하는 일은 단순하면서도 끝이 없는 것이었고, 스스로에게 기쁨을 주었기에 세상의 요구로부터도 그분을 자유롭게 해주었습니다. 이런 사람의 추도사를 낭독하기란 쉽지 않은 과제입니다. 당신은 프리츠 씨를 퍽 존경했던 듯합니다. 아울러 누나들과 이야기를 나누며 프란츠 씨의 성장 과정도 많이 알게 되었죠. 한 인간의 삶을 차례대로 떠올리며 그에 걸맞게 평가하고자 노력했습니다. 그렇게 유족들이 고인과 작별하는 과정에서 힘이 되어주었고, 모두를 대신해 마지막 인사를 건넸습니다. 이런 점에서 추도사는 꼭 필요합니다.

프리츠 씨가 걸어간 삶의 길에서 감동을 자아내는 점은 서슴없이 선의를 베풀려는 자세입니다. 이 같은 선의의 자세는 타고난 것으로, 그분은 선의를 내면화하여 누구에게나 아낌없이 베풀었습니다. 프리츠 씨는 주변에서 무조건적인 사랑을 받았습니다. 학교에 적응을 못 했을 때도, 사고를 당한 뒤 일하러 가기를 꺼렸을 때도 마찬가지였죠. 그렇다고 응석받이는 아니었습니다. 그분은 결코 용기를 잃지 않았고, 보조금에 의존하는 삶을 살지도 않았습니다. 할 수 있는 한 최대로 자신을 유용한 존재로 만들었습니다. 그렇게 수십 년간 헌신적인 삶을 살아간 결과, 당당히 공동체의 귀중한 일원이 되었습니다. 이런 점은 장례식에서도 인상 깊게 드러납니다. 아퀴나스는 《신학대전》에서 말합니다.

"선함은 법률을 따르는 것이 아니라, 자신의 판단에 따라 자발적으로 선행에 나서려는 태도입니다. (…) 선한 자는 스스로 선을 행할 준비가 되어 있고 다정하게 말을 건넬 줄 아는 사람입니다".

미하엘 씨는 결코 선량하거나 다정한 사람이라고는 할 수 없었다. 간혹 그런 모습을 보일 때면 곧장 후회하곤 했다. 그런 태도를 보여야 하거나 적어도 바람직하게 여겨지는 자리는 애써 피하곤 했다. 부모나 친지, 친구, 동료, 고객들에 대한 의무는 잊지 않고 지켰지만 나머지 사람들과는 거리를 두고 지내는 편이었다.

여기에는 평소 삶의 방식이 큰 영향을 끼쳤다. 미하엘 씨는 앎에 대한 욕구와 부단한 노력, 사업가적 감각을 통해 재산을 모았고, 그 결과 자신의 바람대로 사람들과의 교류를 피할 수 있었다. 그렇게 미하엘 씨는 자신이 보고 싶은 것만 보았다. 인간관계에서 비롯된 문제는 텔레비전에서나 볼 수 있는 일이다. 이제는 그것도 아니다. 오래전 텔레비전을 치워버렸기 때문이다. TV가 고장 났다는 아버지의 전화를 받자마자 집에 있던 것을 갖다 드렸고, 그 후로는 두 번 다시 텔레비전 생각이 나지 않았다. 매일매일 컴퓨터 모니터를 바라보는 것만으로도 충분했다.

친절함. 미하엘 씨는 자기 성격의 핵심을 건드리는 것 같아 웃음이 났다. 그가 다정다감한 경우는 식물 앞에서뿐이었다. 너무 메마르거나 축축해지거나, 얼어버리거나 벌레가 생기면 어떤 수고도 마다하지 않고 문제를 해결하려 했다. 한때는 식물 컬렉션에 검은무늬병이 퍼지자 비용은 상관없이 큐 왕립식물원의 주임 정원사를 비행기로 데려올 생각까지 할 정도였다. 식물 수집에 나서면서부터는 시간을 들여 부러진 잎이나 가지를 휘묻이(식물의 가지를 휘어 땅에 묻은 후 뿌리를 내리게 하는 방법-옮긴이)하고는 정성껏 키운 뒤 주변에 선물하는 습관이 생겼다. 자신이 키운 식물들을, 검은무늬병에 걸려 죽어갈 때를 제외하고는, 그냥 내버릴 수가 없었기 때문이다. 말하자면 미하엘 씨는 식물이라는 생명체 앞에서는 선량한 사람이었다.

사람들 앞에서 선량하고 다정하게 보이기를 애써 거부했단 말인가? 아니, 어떻게 다정하게 굴겠는가? 늘 선한 인상만 주었다면 동료나 고객들은 미하엘 씨를 바보처럼 취급했을 것이다. 대금을 정산할 때나 일상생활에서 다툼이 벌어질 때 선한 자세로 처신했더라면 큰 손해를 보았을 게 뻔하다. 그렇다. 선량함은 미하엘 씨가 정한 삶의 원칙에는 맞지 않는 것이다.

그런데 그를 고민에 빠지게 한 것은 다름 아닌 '의미'에 관한 질문이었다. 철학자 선생에 따르면 그런 질문에 객관적 대답은 불가능하고 주관적 차원에서 답을 내놓을 수밖에 없다. 더 나아가 그런 질문이 아예 떠오르지도 않고 제기되지도 않을 때야말로 가장 만족스러운 답을 얻는 경우라고 했다. 이 점이 미하엘 씨에게는 수수께끼처럼 느껴졌다. 다시 말해서 의미는 구하지 않는 가운데 찾아야 하는 무엇이라는 것이다. 질문이 없는 곳에 대답이 있다. 물론 미하엘 씨로서는 온전히 이해하기가 어려웠다.

다락방으로 올라간 미하엘 씨는 프리츠로부터 받은 멋진 유산들을 찬찬히 살펴보았다. 이곳에 오기 전부터 돌봄을 잘 받았던 터라 대부분은 아직도 살아 있었다. 그는 그동안 에체베리아속, 가스테리아속, 크라술라속, 하월시아속의 여러 다육식물을 잘 번식시켜 다른 식물과 교환하기에 부끄럽지 않은 표본으로 키웠다. 이제 막 수꽃을 피운 디오스코레아 멕시카나(Dioscorea mexicana)는 프리츠가 상타리우스 교수에게 물려준 유산에서 얻어온 녀석이었다. 프리츠의 장례식에서 그가 낭독한 추도사를 칭찬한 교수가 선뜻 녀석을 구매하게 해주었고, 미하엘 씨로서는 그냥 지나치기 힘든 절호의 기회였다.

미하엘 씨가 키우는 디오스코레아 멕시카나는 나이가 40년 정

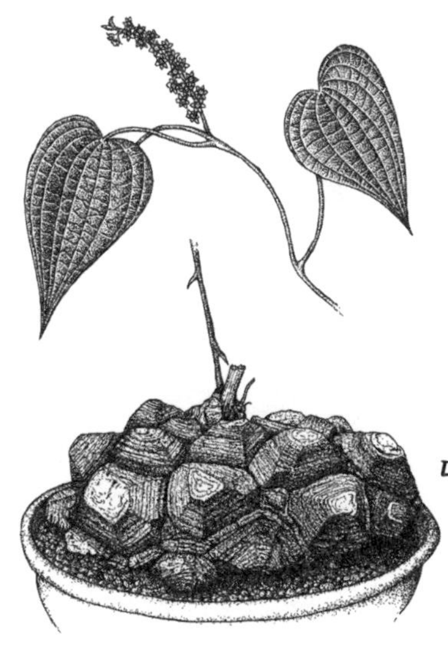

디오스코레아 멕시카나
덩이뿌리 지름: 30㎝

도 되는데, 본래 수명이 백 년도 넘는 데다 지름이 최대 50센티미터에 이른다. 1년 내내 수 미터 길이로 뻗어가는 덩굴줄기에는 손바닥 크기만 한 하트 모양 잎들이 달린다. 불규칙한 형태를 지닌 덩이뿌리는 흡사 거북이 등딱지처럼 생겼는데, 바깥쪽은 나무처럼 뻣뻣하지만 안쪽은 고형물로 채워져 있다. 마(Dioscorea)속이라 안에 든 내용물을 요리해서 먹기도 한다. 잎겨드랑이에서 생기는 총상꽃차례(술모양꽃차례)는 대개 초록빛을 띠지만 미하엘 씨의 디오스코레아 멕시카나처럼 수꽃은 안쪽이 어두운 보랏빛으로 물들어 있다.

미하엘 씨는 암꽃이 피는 개체를 구하러 멀리 떠날 생각도 해 보았다. 어쩌면 암꽃과 수꽃이 피는 녀석들을 여럿 사서 함께 두고 성장하는 모습을 감상해도 괜찮을 것 같았다. 이 세상에 완전히 똑같은 두 표본은 없다는 사실은 세계 유명 식물원을 방문할 때마다 익히 확인한 바 있었다. 그동안 찍은 사진들에도 그런 사실이 고스란히 기록되어 있었다. 하지만 그러려면 새집부터 구해야 한다. 지금 미하엘 씨의 다락방에는 그런 많은 식물을 둘 자리가 없었다.

나와 당신의 소통,
말과 글

철학자 선생님께.

저는 아버지와는 결코 원만한 사이라 할 수 없었습니다. 서로 의미 있는 대화를 나누기가 힘들었죠. 일상적인 대화는 큰 문제가 아니었지만 중요한 문제를 두고 진지하게 의견을 나누려 할 때마다 엉뚱한 말이 튀어나오거나 충돌하기 일쑤여서 곧 대화가 멈추곤 했습니다.

크리스마스 날 이른 오후, 저마다 자기 할 일로 집 안을 분주히 돌아다니다가 우리 사이를 더욱 어렵게 만든 사건이 벌어졌습니다. 저는 한창 선물을 포장 중이었는데, 급히 제 방으로 들어온 아버지가 제가 또 히터 온도를 높게 맞춰놓는 바람에 집 안이 너무 더워졌다며 야단을 치셨죠. 저는 지금은 겨울이고 추워서 떠는 사람이 없도록 중앙난방이 발명된 거라고 대꾸했습니다. 그러자 아버지는 뜨개바늘이 발명된 것은 스웨터를 짜기 위함이라며, 정 추우면 얼른 스웨터를 껴입으라고 하셨죠. 여기까지는 가족 간의 흔한 다툼이었습니다. 하지만 제 입에서 돌연 아버지를 향해 뜻밖의 말이 튀어나왔습니다. 다시는 주워 담기 힘든 그런 종류의 말이었습니다.

순간 방안에 정적이 흘렀습니다. 성탄절의 고요함과는 전혀 다른 침묵이었죠. 얼굴이 새하얘진 아버지는 한동안 넋이 빠진 듯 꼼짝을 못 하셨고, 이후 말없이 방을 나가셨습니다. 고개를 떨군 채 뒤에 남은 저는 스스로가 부끄러웠습니다. 그런 말을 입에 올린 적은 태어나 처음이었습니다. 어떻게 그런 일이 일어났는지 저조차 이해하기 힘들었습니다. 전 아무 말도 하지 않았고, 아버지도 두 번 다시 그 이야기를 꺼내지 않았습니다.

몇 년 후, 다시 크리스마스가 찾아왔습니다. 전 어느덧 지독한 사춘기를 벗어나 있었죠. 어머니는 아버지에게 편지를 써보라고 말씀하셨습니다. 우리 둘의 문제를 어머니도 잘 알고 계셨죠. 우리를 화해시키려고 그동안 얼마나 애를 쓰셨는지 모릅니다. 결국 편지를 썼고, 그것을 크리스마스트리 아래에 놓아두었습니다. 아버지를 사랑한다고 전하고 지난 여러 일에 대해 용서를 구하는 내용이었습니다. 아버지는 찬찬히 편지를 읽어 내려갔고, 우리는 서로 포옹했습니다. 서로의 눈에 눈물이 몇 방울 맺혀 있었죠. 마음도 한결 홀가분해졌습니다. 하지만 그 뒤로 우리는 그 일을 다시 꺼내지 않았습니다.

몇십 년이 지난 어느 늦은 저녁, 우아한 궁전 연회장에서 열린 한 전시회를 찾은 저는 그림 한 점을 보며 문득 편찮으신 아버지 생각이 났습니다. 곧장 택시를 불러 아버지가 계신 병원으로 향했죠. 거기서 이마에 땀이 맺힌 채 손을 비비적거리며 비스듬히 앉아 있는 아버지의 모습을 보았습니다. 마치 위협해오는 무언가에 맞서 싸우는 듯했습니다. 저는 아버지를 끌어안고 어루만지며 꿈을 꾼 거라고 말씀드렸습니다. 그 말을 들으셨는지 아버지는 곧 안정을 찾고, 조용히 잠이 드셨습니다.

다음 날, 아버지가 돌아가셨다는 연락을 받았습니다. 오래전 크리스마스트리 아래 놓아두었던 편지를 가장 먼저 떠올리며 한 가닥 위안을 얻었습니다. 아버지는 제가 병원을 나서고 15분 뒤 세상을 떠나셨습니다.

미하엘 씨, 놀랍고 가슴 뭉클한 이야기에 감사드립니다.

아버지가 떠나는 마지막 순간 그 곁을 지킬 수 있어 얼마나 다행이었습니까. 그것이 당신에게는 큰 위로가 되었을 것입니다. 오늘 우리는 말과 글에 대해 생각해보고자 합니다. 당신의 이야기는 그 둘의 의미를 밝혀주는 좋은 예가 될 것입니다.

침묵과 잠재적 공격성은 상호 인과관계에 있으며 부자간에 흔히 보이는 현상입니다. 외동아들인 당신은 그런 갈등 상황을 형제와 나눌 수도 없었습니다. 사자 같은 동물 세계에서 이런 유형의 경쟁 관계는 어느 한쪽의 죽음으로 끝나기 십상입니다. 이 같은 갈등의 많은 부분이 생물학적 조건에서 비롯된 것이고 인간의 동물적 본성에 기인한다는 추측도 얼마든지 가능합니다.

미하엘 씨, 당신의 경우 편지는 위로와 안도를 안겨주었지만, 사실 편지는 제대로 된 말을 대체하기에는 역부족입니다. 플라톤은 《파이드로스》에서 글, 즉 기록된 문자는 화자의 생각을 일방적으로 전달하는 '이미지'와 같으며 아무리 훌륭한 글도 아는 것을 '되새기는 것'이라 설명하고 있습니다. 그래서 글은 일종의 '유희'와 같고 '진지하지 않은 것'이 들어갈 수밖에 없으며, 오직 입에서 나온 말에만 사람들을 직접 깨우칠 수 있는 "분명함, 완전함, 진지함"이 들어 있고, 그것만이 "진실로 영혼에 새겨질 수 있다"고 말합니다.

플라톤에 따르면 어떤 글이든 저자의 의도에 부합할 때까지 갈고 다듬는 과정을 거치기 마련입니다. 이것이 바로 글쓰기에 수반되는 '유희'에 해당합니다. 그런 만큼 '분명한' 내용은 직접 대화로 전달해야 하고, 이래야만 타인의 영혼에까지 도달할 수 있다는 것입니다.

비슷한 생각을 했던 괴테 역시 자서전인 《시와 진실》에서 다음과 같은 결론을 내렸습니다.

“인간의 본래 사명은 현재에 활동하는 것이다. 쓴다는 것은 언어의 오용이며 혼자 조용히 책을 읽는 것은 말하는 것에 대한 서글픈 대용물이다. 인간은 자신의 인격을 통해 다른 사람에게 가능한 모든 영향을 미친다.”

미하엘 씨, 당신은 본인은 물론 아버지에게도 고통스러웠을 침묵에서 벗어나고자 편지를 썼습니다. 글은 썼지만 그것을 차마 입으로는 말하지 못했습니다. 함께 풀어갈 문제를 언급하긴 했지만 제대로 된 대화를 나누지는 못했습니다. 그렇다고 편지가 무용지물이었던 것은 아닙니다. 호의의 표시였던 편지는 어쩌면 훗날 아버지와 원만히 지낼 수 있게 한, 아니 적어도 심각한 불화를 피한 계기가 되었을 것입니다. 두 사람이 끈끈하게 맺어져 있었다는 것은 임종이 임박했을 때 마침 당신이 아버지 곁에 있었다는 사실에서도 짐작할 수 있습니다. 결코 자랑할 만한 일은 아니지만 천만다행한 일이 아닐 수 없었습니다.

공자나 소크라테스, 예수 같은 위대한 사상가들이 어떤 저작도 남기지 않았다는 사실에 우리는 놀라움을 느낍니다. 모두가 글을 쓸 줄 알았던 지식인이었는데도 말입니다. 그들이 생전에 떨친 영향력은 오로지 말과 행동에서 비롯된 것이었습니다. 큰 감화를 받은 제자들은 자신들이 직접 듣고 겪은 것을 글로 기록했고, 이런 작업을 필생의 과업으로 여겼을 것입니다. 그러면서 여러 책이 쓰였고, 이후 등장한 다양한 학파들은 세대를 거듭해 그것들을 읽고 논하며 풀이했습니다. 책을 제대로 이해하려면 혼자서 읽어서는 안 되고 스승과 대화를 나눠야 한다는 것이 당시의 일반적 생각이었습니다. 제자와 대화하는 과정에서 스승은 든든한 인도자 역할을 맡았습니다.

하지만 또 한편으로는, 말은 그 순간에 강한 인상을 남길지 모르지만 결국 남는 것은 글로 쓰인 것입니다. 그래서 아버님은 당신에게 받은 편지를 거듭해 읽고 소중히 간직했을 겁니다. 미하엘 씨, 머지않아 50일째가 되어 가는 우리의 철학 상담에서도 각자의 생각을 글로 기록하는 수고를 들이지 않았더라면 지금 아무것도 남아 있지 않을 것입니다. 어쩌면 게으른 사람이었을지도 모를 소크라테스로서는 수십 년간 그의 말에 귀 기울인 훌륭한 제자들을 둔 것이 큰 행운이었습니다. 플라톤, 크세노폰 같은 학자들이 없었다면 소크라테스는 사람들의 기억에서 금세 잊혀졌을 겁니다.

이렇듯 문자는 신중하고 체계적이며 정확한 방식으로 우리의 사고를 도우면서 지식의 매개자 역할을 해왔습니다. 문자화를 통해 비로소 특정 상황이 주는 제약이나 화자에 대한 의존에서 벗어나 정확한 표현을 할 수 있게 되었는데, 말하자면 '수학적' 명확성을 얻은 것입니다. 그러면서 객관성과 과학성을 확보할 기회가 찾아왔습니다. 아리스토텔레스는 《명제에 관하여》에서 이렇게 말합니다.

"말은 정신적 경험에 대한 표현이고, 글은 말을 표현한 것이다. 모든 사람이 똑같이 글자를 쓰지 않듯이 말도 모든 사람에게서 같지 않다. 하지만 말과 글이 직접적으로 표현하는 정신적 경험은 모든 사람에게 똑같다. 정신적 경험의 대상인 사물들과 마찬가지로 어디서나 동일하다."

어떤 동물을 영어는 'Dog'으로, 독일어는 'Hund'로 쓰고 발음해도 그 본질은 '개'라는 동일한 개념이라는 뜻이죠.

미하엘 씨, 예전 상황에서 직접 말로 했더라면 아버님께서 거기에 응답하며 대화가 시작될 수도 있었다는 점에서 그 효과가 더 컸을지도 모릅니다. 그것이 깊이 있는 대화로 이어지는 좋은 결과를 낳았을지는 또 다른 문제입니다만. 아무튼 먼저 나서려면 큰 용기가 필요했을 것입니다. 아직 어렸던 당신은 그럴 용기가 없었고, 아버님도 먼저 대화를 시도하지 않았던 점을 보면 마찬가지였던 것 같습니다. 게다가 말문이 막힌 그 '침묵 상황'에 대해 말을 꺼내야 한다는 역설적인 과제도 문제를 더욱 어렵게 만듭니다. 과연 누구의 잘못일까요? 누구에게 책임을 물어야 할까요?

"말할 수 없는 것에 대해서는 침묵해야 한다."

철학자 루트비히 비트겐슈타인이 쓴 《논리철학논고》의 마지막 문장입니다. 그런데 왜 침묵해야 할까요? 무의미한 말을 뱉어낼 위험 때문일까요? 물론 말을 할 때는 명확하고 효과적인 단어를 사용해야 하고, 마음속에 있는 것을 적절히 표현하는 말솜씨가 중요합니다. 그런데 힘들게 말을 꺼낼 용기를 내었다면, 그렇게 마음속에서 쏟아낸 말이 어떻게 무의미할 수 있을까요? 어떤 말을 해야 할지 잘 모르더라도 그런 의지를 품은 것만으로 이미 올바른 길로 들어섰다 할 수 있습니다. 또 운이 좋으면 저절로 적당한 말이 쏟아져 나올 수도 있습니다. 언어학자이자 철학자인 빌헬름 폰 훔볼트는 《사고와 말하기에 관하여》에서 사고가 언어 속에서 형성하는 "개념은 타인의 사고력에 부딪혀 반사되면서 비로소 그 확실성과 명확성을 얻는다"라고 말했습니다. 모든 언어 행위는 처음부터 언제나 '너'와의 관계를 통해 규정됩니다. 현실에서 언어란 사람 간의 대화를 뜻하고, 이 가운데에서 서로가 준거로 삼는 공통 대상인 '사고와 대상'이 형성되는 것입니다.

진정으로 타인에 관심을 기울일 때에야 이해도 가능합니다. 제가 보건대 당신은 아버님의 삶에 진정으로 관심을 두지는 않았던 것 같습니다. 하지만 아버님은 돌아가실 때 당신을 용서했다고 생각합니다. 이제는 당신이 아버지를 용서할 차례입니다.

철학자가 보내준 논평을 오랫동안 살펴본 미하엘 씨는 그 안의 생각들을 저울질하고 그간 자신이 썼던 이야기들도 다시 찾아 읽어보았다. 한두 편을 읽었을 즈음 현관에서 초인종 소리가 울렸다. 여전히 생각에 잠긴 채 자리에서 일어난 미하엘 씨는 어제 친절한 대학생에게 부탁해둔 나무딸기를 떠올렸다. 하지만 문 앞에서 마주친 것은 채혈하러 온 보건소 의사였다. 나무딸기는 바구니 속에 담긴 채 그녀 발밑에 놓여 있었다.

미하엘 씨에게 피 뽑기는 늘 공포였다. 얼른 해치우고 싶었던 그는 집 안으로 들어오려는 의사를 막아선 채 문 앞에 버티고 섰다. 그러고는 나무딸기 하나를 집어먹은 뒤 공손한 말씨로 여기서 피를 뽑아달라고 부탁했다. 미하엘 씨는 자기 혈액이 플라스틱 관으로 들어가는 모습을 지켜보며 다시 나무딸기 세 개를 얼른 입안에 넣고는 천천히 혓바닥으로 짓누르며 맛을 음미했다.

미하엘 씨는 머리끝까지 꽁꽁 싸매다시피 방호복으로 무장했는데도 잔뜩 겁을 집어먹은 의사의 얼굴을 똑똑히 보았다. 이는 눈빛에서도 확연히 드러났는데, 손까지 덜덜 떨고 있었다. 의사가 볼펜을 들고 뭔가를 적으려는 순간 그가 큰 소리로 자신의 이름을 외쳤다. 놀란 그녀가 움찔하며 “알아요”라고 답했다. 의사가 이번에는 “인플루엔자 오랑우타니엔시스”라고 병명을 언급하자 미하엘 씨는 "아니, 인플루엔자 오랑우타니엔시스 의심 증상입니다"라고 정정해주었다.

"그렇군요. 어디 지켜봅시다. 연락드리지요."

이렇게 말하고는 보건소 의사가 서둘러 자리를 떴다. 의사가 한 번 더 이쪽으로 몸을 돌리자 미하엘 씨는 오랑우탄 흉내를 냈다. 그녀가 깜짝 놀라 그를 빤히 바라보았다. 미하엘 씨가 껑충껑충 뛰면서 거친 숨을 몰아쉬자 의사는 얼른 몸을 돌려 사라졌다.

미하엘 씨는 가쁜 숨을 쉬며 한참을 현관에 서 있었다. 너무 신나게 오랑우탄 춤을 춘 탓이다. 죽음의 위험 앞에 선 그에게 그 정도 일탈은 봐줄 만한 것이었다. 다만 좀 전과 같이 온몸으로 공격적 반응을 보인 것은 평소 스타일이 아니었다. 그만큼 지금 상황이 겁났다. 집 안으로 들어간 미하엘 씨는 몰려오는 두려움에 황급히 부엌으로 달려가 찻주전자에 홍차를 끓인 뒤 라임즙을 섞었다. 그러고는 두 차례 복용할 분량의 약과 함께 버터와 카망베르 치즈, 크랜베리를 곁들인 바게트를 준비했다. 그는 아직은 게임에서 패배하지 않았다.

거실에 가서 '말과 글'에 대해 철학자가 보내준 글을 다시 읽어본 미하엘 씨는 새롭게 눈이 떠지는 기분을 느꼈다. 그동안 자신을 괴롭혔던 죄책감과 소홀히 해왔던 것들에 대해서도 다시 느끼게 되었다. 한마디로 이제까지 살아온 이야기를 글로 쓰고 철학상담을 받는 과정을 거치며 미하엘 씨 마음에도 큰 변화가 일었다. 무엇보다 매사를 심각하게 받아들이지 않게 되었다. 또 이야기하면서 그 의미가 명확하게 드러난 것들도 있었다. 미하엘 씨는 한참을 아버지 생각에 잠겼다. 그러고는 소파에서 잠이 들었고, 꿈을 꾸었다.

얼마 후 그는 꿈에서 깼다. 주위를 둘러보니 방의 모습이 달라져 있었다. 천장으로부터 주렁주렁 내려온 뿌리에서 풍기는 곰팡이 냄새가 방 안에 가득 퍼져 있었다. 미하엘 씨가 뿌리 한 다발을 붙잡자 곧 다락방으로 끌려갔다. 다락방은 실제보다 네 배는 더 컸고, 높이도 두 배로 늘어나 있었다. 한 번도 보지 못한 식물들도 있었고, 수년 전부터 키워온 녀석들은 크고 화려한 모습으로 자라 있었다. 놀랍게도 모든 식물이 움직이고 있었다. 열린 창으로 불어오는 바람에 흔들거리거나 아니면 마치 잎과 가지들이 기지개를 켜며 태양 쪽으로 뻗어나가는 것처럼 보였다. 이런 움직임은 이제껏 본 적이 없었다. 멋진 크림색의 커다란 꽃이 긴 꽃턱잎과 함께 다정하게 손짓하는 것을 본 미하엘 씨는 얼른 그리로 날아가서 꽃받침에 코를 묻었다.

…그러고는 갑자기 낯선 도시가 나타났다. 흰 교회로 향하는 긴 원형 계단에는 햇볕에 그을린 남녀 무리가 앉은 채 커다란 바구니에 담긴 과일과 채소 및 꽃다발을 팔고 있었다. 알록달록한 포대에 아이를 감싸 업은 젊은 여인이 친근하게 다가와 날아가는 천사처럼 보이는 나무 장난감을 건넸다.

친숙한 바람이 목덜미를 향해 불어오자 미하엘 씨는 몸을 돌렸다. 꽃의 수호신 플로라 여신이 눈앞에 서 있었다. 그녀는 아름다움과 강한 생명력의 화신이었다. 싱싱하고 표정이 풍부한 눈빛에 감격한 미하엘 씨는 경건하게 무릎을 꿇었다. 다시 몸을 일으키자 플로라 여신이 웃음 띤 얼굴로 그를 보더니 향기로운 화환을 목에 걸어주었다. 그러고는 이마에 입맞춤해준 뒤 그의 곁으로 천천히 몸을 숙이며 말했다.

"치치카스테낭고라고 하지요. 그대가 나를 향한 신의를 저버리지 않는다면 그대를 위해 꽃을 피울 거예요."

이윽고 그는 다시 다락방에 서 있었다. 여러 친구가 와 있었다. 미하엘 씨는 가끔 다락방 식물들 틈에 자리를 마련해 지인들을 초대하곤 했는데 이번에는 그 숫자가 훨씬 많아졌다. 뭉클해진 미하엘 씨가 입을 열었다.

에피필룸 크레나툼 치치카스테낭고

꽃 지름: 12㎝

"여러분, 과테말라 숲에서 온 이 놀라운 식물은 플로라 여신이 내게 직접 권한 것입니다. 인간들이 지은 이름은 '에피필룸 크레나툼 치치카스테낭고(Epiphyllum crenatum

'Chichicastenango')'입니다. 천상에서 부르는 이름은 여신께서 알려주시지 않았습니다."

미하엘 씨가 잠에서 깨었을 때는 이미 밤이 이슥했다. 미하엘 씨는 한참 책들을 뒤적거리다 착생식물에 관한 글을 읽으며 감탄을 금치 못했고, 새벽이 다 되어서야 다시 잠자리에 들었다. 자신과 아버지 사이에 놓인 깊은 골을 끝내 넘지 못했다는 생각에 마음이 무거웠다.

다음 날 아침, 미하엘 씨는 벌떡 침대에서 일어났다. 평소와 달리 휴대폰을 침대 옆 탁자에 놓아둔 데다가 벨 소리마저 가장 크게 맞춰놓은 것이다. 핸드폰을 얼른 귓가에 갖다 대자 거슬리는 목소리로 시청의 바이러스 질병 담당자와 연결될 테니 잠시만 기다려달라는 음성 안내가 들렸다. 그러더니 〈아름답고 푸른 도나우강〉 소리가 울렸다. 잔잔한 음악 소리에 다시 잠 속으로 빠져든 미하엘 씨는 몸을 천천히 옆으로 돌리며 불안감에 무릎을 가슴께로 바짝 끌어당겼다.

꿈에 플로라 여신이 다시 나타났다. 여신은 환한 얼굴로 미하엘 씨의 손을 잡더니 피 검사 결과가 나왔다고 알렸다. 이제 바이러스에 대한 두려움은 버려도 좋고, 아무 문제가 없는 만큼 자가격리도 오늘로 종료될 것이라고 했다. 이제부터 미하엘 씨는 (여기서부터는 보건소 측에서 알리는 통지임을 분명히 느꼈다) 예전처럼 어디든 마음대로 다녀도 괜찮다고 했다. (플로라 여신의 모습도 어느덧 희미해졌다) 아무튼 그간의 협조에 감사드리며, 치치카스테낭고에서 발견된 중대한 문제로 어서 통화를 끝내야 한다는 말과 함께 '좋은 하루 보내십시오!'라는 인사를 전해왔다.

지치고 혼란스러워진 미하엘 씨는 침대에서 일어나 홍차를 준비한 뒤 거기에 연초록빛의 라임즙을 짜 넣었다. 그러고는 평소보다 일찍 책상 앞에 앉았다. 이제 무슨 이야기를 써야 할까? 머릿속이 텅 비어버린 기분이었다. 생각할 시간을 갖고자 식물방으로 올라갔다.

식물들 모두 별 탈 없이 잘 자라고 있었다. 아데니움 스와지쿰은 꽃을 활짝 피웠고, 까다롭기 짝이 없는 아드로미스쿠스 마리아나에 헤러이(Adromischus marianae f. herrei)에도 튼실한 꽃차례가 매달려 있었다. 특히 저 멀리 연노랑색로 반짝이는 꽃을 보며 미하엘 씨는 기뻤다. 운카리나 로에오에슬리아나(Uncarina roeoesliana) 묘목 하나에서 꽃이 핀 것이다. 여름에는 물을 많이 줘야 하는 녀석인데, 벨

운카리나 로에오에슬리아나
묘목 높이: 13㎝

벳처럼 보드라운 잎들을 만지며 마다가스카르에서 온 이 작은 나무를 그라츠 식물원에서 처음 본 순간을 떠올렸다. 수백 개의 반짝이는 꽃들이 큼직한 연녹색 잎들 위로 팔뚝 굵기의 가지에 피어 있었고, 그 아래로 기묘한 모양의 포자낭도 몇 개 매달려 있었다. 당시 그는 포자낭을 손으로 만지는 실수를 범했다. 나름 조심했지만 구부러진 역갈고리가 손가락을 파고드는 바람에 결국 깊은 상처가 났다. 그렇게 위험한 포자낭은 지금까지 만난 적이 없었다. 그 뒤로는 씨를 받으려면 일단 가죽 장갑을 끼고 뾰족한 집게로 역갈고리부터 제거해야 한다는 점을 알게 되었다.

미하엘 씨는 멍한 기분으로 식물들에 빙 둘러싸인 채 앉았다. 다시 주어진 삶에 감사하며 앞으로의 다가올 시간들을 떠올려보았다. 식물들을 찾아 떠나는 여행, 유명 식물원 방문, 저명한 거래상과 재배자들과의 만남 등을 상상했다. 또 지금 집을 팔고 식물 컬렉션을 확장할 계획도 그려보았다. 미하엘 씨는 자리에서 일어나 서둘러 아래층 서재로 내려갔다. 마지막 이야기를 마저 쓰기로 했다. 앞으로 펼쳐질 삶을 마음속에서 정리하려면 꼭 필요한 일이었다.

에필로그

친애하는 철학자 선생님.

모든 것은 케이프타운 여행에서 시작되었습니다. 바야흐로 봄이었죠. 그곳 테이블산(정상 부분이 평평해서 붙여진 이름–옮긴이)의 비탈과 주변 언덕, 해안가 바위 절벽을 따라 처음 보는 신기한 식물들이 활짝 꽃을 피운 채 널려 있었습니다. 흡사 첫눈에 사랑에 빠진 것 같았습니다. 그런 장관은 태어나 처음이었죠. 나중에 케이프타운에 있는 커스텐보쉬 식물원에서 그때 본 식물들의 이름을 알게 된 후 알로에, 하월시아, 가스테리아, 유포르비아 같은 멋진 식물들의 묘목을 구입했습니다. 물론 어린 구갑룡(Dioscorea elephantipes)과 몇몇 희귀한 구근식물도 빠지지 않고 챙겼습니다.

출국 전 식물 반출 허가를 받아 녀석들을 화분에서 꺼내 대팻밥을 채운 와인 상자에 담아 집으로 데려왔죠. 경험이 부족했던 탓에 시들어 죽은 식물도 있었습니다. 다행히 희귀식물 거래소에서 녀석들을 다시 발견했고, 거기서 몰랐던 정보도 알게 되었습니다. 다육식물이 특이한 형태를 띠는 이유는 줄기와 잎에 수분을 듬뿍 저장해 오랜 건기에도 살아남기 위해서라고 합니다. 또 충분한 햇빛을 받게 하고 돌이 많이 섞인 흙에 심고, 생장기에만 물을 주며 휴식기에는 거의 주지 않아도 된다고 했습니다.

한두 해가 지나며 첫 번째 성과가 나타났습니다. 새싹이 나고 꽃이 피는 모습을 보니 더없이 기뻤습니다. 친구와 함께 이웃 나라로 여행을 떠났을 때 어느 나이 든 정원사가 관리하는 온실을 발견하기도 했습니다. 정원사는 자신의 귀중한 식물 컬렉션을 분양 중이었습니다. 우리는 여러 차례 국경을 넘는 험난한 과정을 거쳐 그의 식물들을 들여왔습니다. 그 뒤로는 분갈이, 가지치기, 휘묻이, 적절한 흙의 배합 등 할 일이 많아졌죠. 저는 마치 물을 만난 물고기처럼 신났습니다.

시급한 일은 공간 문제 해결이었습니다. 우선 창문턱을 넓히고 다락방을 리모델링해 온실처럼 바꿨습니다. 그러는 사이에 관련 서적들을 사서 매일 조금씩 읽어나갔습니다. 흙을 비옥하게 해주는 소중한 첨가물에 관해 배웠고, 물에서 석회분을 제거하고 유용한 무기물과 부식질을 섞어주었습니다. 밤이 긴 계절에 대비해 식물 등도 따로 설치했죠. 권위 있는 중개인, 수집가들과 친분도 쌓아갔습니다. 하나같이 마음씨 좋은 사람들이었습니다.

어느덧 집에서 키우는 식물도 천여 개에 이를 만큼 그 숫자가 늘어났네요. 대부분은 몇 년이 지나야 꽃을 피우는데, 그때마다 제 가슴도 덩달아 두근거립니다. 왜 그럴까요? 건강하게 자라준 식물들이 그때까지 감춰온 것을, 최적의 조건에서 발현되도록 유전적으로 정해진 모습을 마침내 드러내는 순간이기 때문입니다. 가슴 뛰는 그 순간, 예상치 못했던 것들이 모습을 나타냅니다. 결국 식물들도 저마다 독특한 개성을 지닌 존재들입니다. 특히 식물들이 나이를 먹어가면서 그 점도 두드러집니다. 성실한 원예사라면 그 무엇에도 견줄 수 없는 특별한 방식으로 그동안의 수고를 보상받는 것이죠.

머잖아 저는 세 곳을 목적지로 여행을 떠날 작정입니다. 첫 번째는 유럽 최대의 다육식물 컬렉션을 만날 수 있는 취리히입니다. 그다음은 일찍이 괴테와 프란츠 리스트도 식물을 사려고 찾은 적이 있는, 세계에서 가장 오래된 선인장 재배장인 독일 에르푸르트의 칵텐 하게, 마지막 목적지는 아프리카에서 가장 아름답다는 커스텐보쉬 식물원입니다. 이 밖에 널찍한 온실 집을 찾아나설 계획도 갖고 있습니다. 궁극적으로는 주거용으로도 적당하면서 작은 재배장과 온상(태양열과 인공적인 열을 가해 필요한 온도를 유지하는 묘상–옮긴이)을 갖춘 묘목장이 있다면 인수하고 싶습니다. 그러면 제 컬렉션도 늘어나고, 허브 식물, 샐러드용 채소, 오렌지와 라임 나무 등도 함께 기를 수 있을 겁니다. 이것이 제가 그리는 미래입니다. 열정을 펼칠 수 있는 적절한 공간을 찾는 것이야말로 가장 시급한 일로 여겨지네요.

친애하는 철학자이자 심리상담가인 당신은 이런 말을 한 적이 있습니다.

"위대한 열정은 통제할 수 없는 탓에 일단 휩쓸리면 속절없이 빠져들게 된다. 열정에 사로잡힌 자는 자신을 통제할 수 없고, 그러기를 바라지도 않는다. 다시 말해 열정은 이성으로 제어되지 못하고, 오히려 자신의 목적을 이루려고 날카로운 이성을 굴복시킨다."

정말 그렇게 되었으면 합니다.

마지막 글을 완성한 미하엘 씨는 과거와 현재와 미래가 나름대로 조화롭게 연결되어 마무리로서 적절했다고 자평했다. 더불어 격리가 끝났다는 소식을 전하며 그동안 철학자가 보여준 배려와 신뢰, 전문가로서의 조력에 진심 어린 감사를 보냈다. 그러면서 짧은 몇 주 동안 자기 삶을 위해, 또 삶에 관해 그 어느 때보다도 많은 것을 배웠노라고 썼다. 덕분에 순식간에 시간이 지났고 철학으로 큰 위로를 받았으며, 솔직히 이 같은 정신적 도움 없이 어떻게 혼자서 그 시간들을 견뎌야 했을지 상상조차 가지 않는다는 심정을 털어놓았다.

식물을 향한 열정을 설명한 글에 대해서는 따로 의견을 보내주지 않아도 좋다는 말도 덧붙였다.

> 제게는 달리 적절한 계획이 떠오르지 않습니다. 이 세상에는 40만 종에 달하는 다양한 식물이 있고, 그중 25만 종이 꽃과 씨앗을 맺습니다. 제가 관심 있는 다육식물 분야만 해도 발견할 거리가 넘쳐나 한 번의 생으로는 감당하기가 부족할 정도입니다. 아무튼 지루할 틈은 없겠죠. 제대로 보살피려면 믿을 만한 정원사를 고용해야 할지도 모릅니다.

미하엘 씨는 이런 말도 잊지 않았다.

철학적 관점에서 보면 식물과 함께하는 삶을 택한 결정이 인간 삶의 현실에서 도망치려는 것처럼 보이는 것도 당연할 것입니다. 이를 잘 알기에 저는 오랜 친구들과의 우정을 계속해서 가꾸어나가고 새로운 사람들도 만나보려고 합니다. 또 허락된다면 배우자를 찾아 여생을 함께 보내고 싶은 생각도 있습니다. 어쨌거나 앞으로도 변함없이 철학과 가까이 지내려 합니다. 그래서 부탁드리건대 그동안 언급된 책들의 목록을 보내주시면 고맙겠습니다. 이번에 접하게 된 여러 사상들을 깊이 알아가는 데 큰 도움이 될 것입니다.

마지막으로 그는 지난 상담에 대해 약속한 금액에 좀 더 덧붙여 사례금을 보냈고, 특별히 부인에게도 감사의 인사를 드린다고 전했다. 어쩌면 부인이 보내준 약 덕분에 살아난 것일지도 모른다면서, 아무튼 그 덕에 삶의 의지와 희망을 되찾았다고 썼다.

추신: 존경하는 사모님께 드리는 선물로 열다섯 살 정도 된 구갑룡을 보내드리고자 합니다. 볕이 잘 드는 창문턱에 두고 조금만 신경을 써주면 별 탈 없이 잘 자랄 것입니다. 이 식물은 겨울에 성장하고, 여름에는 잎이 말라 떨어지는 특

성이 있습니다. 꽃은 향긋한 냄새를 풍기고, 잎이 갈라진 모양새도 꽤나 멋있는 데다, 덩이뿌리는 거북이 등딱지처럼 생겼습니다. 물은 늦가을에 싹이 날 때 줍니다. 싹은 최대 수 미터 길이로 자라는데, 성장하면서 나무처럼 뻣뻣해지기에 단계적으로 지지대에 묶어줘야 합니다. 제대로 키우기만 하면 꽤 크게 자라기 때문에 값진 유산이 될 수도 있을 것입니다. 생장기에는 3주에 한 번씩 거름을 주면 됩니다(작은 병을 함께 보내드리니 물 1리터당 1밀리리터 비율로 섞어주시기를 바랍니다).

재추신: 만약 제가 바이러스로 사망했다면 제 추도사 낭독을 선생님께 부탁드릴 생각이었습니다. 이미 몇 주 전 유언

구갑룡

식물 지름: 10㎝

장에 적어두었습니다. 저에 대해 귀하만큼 잘 알고 있는 사람이 세상에 또 누가 있겠습니까. 다음에 선생님이 필요한 경우가 생기면 다시 연락드리겠습니다. 여행에서 돌아오면 제대로 공부해볼 생각인 철학책들에 관해 질문이 생길 때도 도움을 부탁드리겠습니다. 내년에 제가 새로운 온실 집을 마련하면 그곳에서 선생님 내외를 뵙고 인사드릴 수 있기를 바랍니다. 우려했던 일이 일어나지 않아 천만다행으로 생각하며, 지금까지 함께한 유익한 시간에 진심으로 감사드립니다!

본문에 소개된 책들과 더 읽을 만한 책들

야콥 프리드리히 아벨 〈위대한 천재들의 탄생과 특징에 관한 강연 (Rede über die Entstehung und die Kennzeichen großer Geiste)〉

토마스 아퀴나스 《신학대전(Summa theologiae)》, 《악에 대한 토론 문제집(Quaestiones disputatae de malo)》

한나 아렌트 《인간의 조건(The Human Condition)》

아리스토텔레스 《니코마코스 윤리학(Ēthika Nikomacheia)》, 《정치학(Politikà)》, 《영혼에 관하여(Peri Psychēs)》, 《명제에 관하여(Peri hermeneias)》, 《동물지(Ton peri ta zoia historion)》

롤랑 바르트 《사랑의 단상(Fragments d'un discours amoureux)》

조르주 바타유 《에로티시즘(L'Érotisme)》, 《에로스의 눈물(Les Larmes d'Éros)》

시몬 드 보부아르 《노년(La Vieillesse)》, 《제2의 성(Le Deuxième Sexe)》

마르틴 부버 〈죄와 죄책감(Schuld und Schuldgefühle)〉

마르쿠스 툴리우스 키케로 《투스쿨룸 대화(Tusculanae Disputationes)》, 《우정론(Laelius de Amicitia)》, 《의무론(De Officiis)》, 《최고선악론(De finibus bonorum et malorum)》

윌리엄 콩그리브 《희극에서의 유머에 관하여(Concerning Humour in Comedy)》

데모크리토스 전승된 글과 단편들

에피쿠로스 전승된 글과 단편들

율리우스 에볼라 《성의 형이상학(Metafisica del sesso)》

빅터 프랭클 《무의미한 삶의 괴로움(Das Leiden am sinnlosen Leben)》, 《삶의 의미에 관하여(Über den Sinn des Lebens)》

지그문트 프로이트 《자아와 이드(Das Ich und das Es)》, 《성욕에 관한 세 편의 에세이(Drei Abhandlungen zur Sexualtheorie)》

요한 볼프강 폰 괴테 《시와 진실(Dichtung und Wahrheit)》, 〈원초적인 말. 오르페우스풍으로(Urworte. Orphisch)〉

니콜라이 하르트만 《윤리학(Ethik)》

프리드리히 아우구스트 폰 하이에크 《프라이부르크 연구논문집(Freiburger Studien)》

게오르크 빌헬름 프리드리히 헤겔 〈민족종교와 기독교에 관한 단편 (Fragmente über Volksreligion und Christentum)〉, 《역사철학 강의(Vorlesungen über die Geschichte der Philosophie)》

마르틴 하이데거 《존재와 시간(Sein und Zeit)》, 《초연한 내맡김(Gelassenheit)》

헤라클레이토스 전승된 글과 단편들

히포크라테스 전승된 글과 단편들

빌헬름 폰 훔볼트 《사고와 말하기에 관하여(Über Denken und Sprechen)》

임마누엘 칸트 《윤리형이상학 정초(Grundlegung zur Metaphysik der Sitten)》, 《실천이성비판(Kritik der praktischen Vernunft)》, 《윤리형이상학(Die Metaphysik der Sitten)》

쇠렌 오뷔에 키르케고르 〈무덤에서(An einem Grabe)〉, 《불안의 개념(Begrebet Angest)》, 《이것이냐 저것이냐(Enten−Eller)》

리하르트 폰 크라프트에빙 《정신병리학적 성욕(Psychopathia Sexualis)》

줄리앙 오프라이 드 라 메트리 《행복에 관하여, 반(反)세네카론 (Anti−Sénèque ou discours sur le bonheur)》

루크레티우스 《사물의 본성에 관하여(De Rerum Natura)》

미셸 드 몽테뉴 《수상록(Essais)》

게르하르트 파울 나토르프 《사회교육학(Sozialpädagogik)》

프리드리히 니체 《차라투스트라는 이렇게 말했다(Also sprach Zarathustra)》

호세 오르테가 이 가세트 《사랑에 관한 연구(Estudios sobre el amor)》

루카 파치올리 《산술집성(Summa de arithmetica)》

요한 하인리히 페스탈로치: 《은자의 황혼(Die Abendstunde eines Einsiedlers)》

플라톤 《소크라테스의 변론(Apologia Sokrátous)》, 《고르기아스(Gorgias》, 《라케스(Laches)》, 《뤼시스(Lysis)》, 《파이드로스(Phaidros)》, 《국가(Politeia)》, 《향연(Symposion)》, 《테아이테토스(Theaitētos)》, 《티마이오스(Timaios)》

라이너 마리아 릴케 《기도시집(Das Stunden–Buch)》

아르투어 쇼펜하우어 《의지와 표상으로서의 세계(Die Welt als Wille und Vorstellung)》, 《소품과 부록(Parerga und Paralipomena, 한국에서는 《쇼펜하우어의 행복론과 인생론》으로 출간–옮긴이)》, 《인간 의지의 자유에 관하여 (Preisschrift über die Freiheit des Willens)》, 《도덕의 기초에 관하여(Über die Grundlage der Moral)》

루키우스 안나이우스 세네카 〈루킬리우스에게 보내는 편지(Epistulae Morales ad Lucilium)〉, 《은혜에 관하여(De Beneficiis, 한국에서는 《베풂의 즐거움》으로 출간–옮긴이)》

페르디난트 율리우스 퇴니에스 《공동사회와 이익사회(Gemeinschaft und Gesellschaft)》

볼테르 《캉디드(Candide)》

크세노파네스 전승된 글과 단편들

크세노폰 《소크라테스 회상록(Erinnerungen an Sokrates)》